识干家

企業閱讀　學以致用

时装买手自学通

企划·组货·直播·创业

范敏娜◎编著

沈阳出版发行集团
沈阳出版社

图书在版编目（CIP）数据

时装买手自学通/范敏娜编著. --沈阳：沈阳出版社，2020.9

ISBN 978-7-5716-0819-4

Ⅰ.①时… Ⅱ.①范… Ⅲ.①服装-采购管理 Ⅳ.①F768.3

中国版本图书馆CIP数据核字（2020）第163055号

出版发行：沈阳出版发行集团|沈阳出版社

（地址：沈阳市沈河区南翰林路10号　邮编：110011）

网　　址：http://www.sycbs.com

印　　刷：河北宝昌佳彩印刷有限公司

幅面尺寸：170mm×240mm

印　　张：14.75

字　　数：190千字

出版时间：2020年12月第1版

印刷时间：2020年12月第1次印刷

责任编辑：马　驰

封面设计：仙　境

版式设计：仙　境

责任校对：王玉位

责任监印：杨　旭

书　　号：ISBN 978-7-5716-0819-4

定　　价：63.00元

联系电话：024-24112447

E-mail：sy24112447@163.com

导 读

近年来，随着零售模式的不断变化，买手逐渐成为服装行业的热门职业。网上购物、直播零售的普及为买手带来了更加美好的发展前景，然而无论零售渠道如何变化，货品都是零售的基础，而买手正是为企业寻找正确货品的人。本书从买手工作所需的核心能力出发，结合笔者多年的工作经验，用案例再现服装买手工作的场景。

本书从不同买手的类型切入，在第二章《买手的硬核技能：企划》中，笔者按照买手企划的流程，从调研、目标消费者确定、主题规划、货品规划及上货波段等方面阐释如何进行买手企划。

第三章围绕买手必备的数据分析技能，从采购预算、采购计划、库存数据等方面入手，层层建立买手的数据分析思维。

第四章与第五章根据买手采购下单和销售追踪的工作环节，系统地介绍在采购过程及销售追踪过程中的必备技能及注意事项。

在第六章买手创业章节，笔者根据自己的买手店铺运营经验，详细介绍了买手创业开店所需的硬件条件及软件能力，并且根据国内市场情况，制订了货源地图，为想创业的读者提供了不同级别的采购渠道。当下直播零售异常火爆，直播买手的组货方式与传统买手的组货方式存在很大差异。如何能够更好地为直播零售组织货源？笔者在这一章介绍直播买手的组货技巧，通过场景化的组货方法大大提高直播销量。

作为买手，需要具备扎实的服装专业知识，因此在附录里笔者对服装买手工作中需要的服装专业知识进行详细的介绍，涵盖从服装市场的分析到服装色彩、材质、工艺等方面的内容。为了方便读者学习，本书配有大量图片、表格及案例，内容由浅入深，通俗易懂，适合服装专业人士、时尚爱好者、服装专业学生及有意向从事时装买手职业的读者阅读。万物互联的时代，服装买手有了更多的职业机会，希望本书能给他们带来新的思路和启发，为时尚买手在以后的职业生涯中取得骄人的成绩提供帮助。

范敏娜

目录 Contents

第一章

时装买手自画像

一、买手的类型

在时尚行业中，根据服装产品的品类，买手可以分为男装买手、女装买手、童装买手、鞋靴买手和配饰买手；按照服装市场划分，又可以分为奢侈品买手和大众时装买手。根据企业性质的不同，买手可以分为单一品牌买手及多品牌买手。单一品牌买手通常只为一个品牌采购产品，采购的产品需要符合本品牌的风格。多品牌买手通常服务于品牌集合店或百货公司，如 I. T、连卡佛等，多品牌买手负责多个品牌的产品采购工作。由于服装企业或品牌的运作模式不同，买手在企业中扮演的角色及承担的责任也有很大区别，可分为配合型买手和决策型买手两大类。

1. 配合型买手

配合型买手工作的企业拥有自己的设计师团队，买手的工作主要是配合设计师及其他部门开发新产品。买手需要参加国内外的各种展会，为设计师搜集流行信息及购买能为新产品开发提供参考的样衣。在新产品开发之前，买手需要与设计团队商讨制订新一季产品的设计方向，并制订产品的总体规划。设计完成后，买手还会与设计团队一起进行设计筛选，选出合格的设计投入生产。在新产品开发过程中，设计师是开发主力，买手协助设计师开发产品。在产品开发流程中，配合型买手通常会参与产品从规划到上架的所有环节，配合各个部门的工作，确保产品顺利上架销售。如图 1－1 所示。拥有配合型买手的企业，一般都有发展比较成熟的品牌，如例外、玛丝菲尔等。

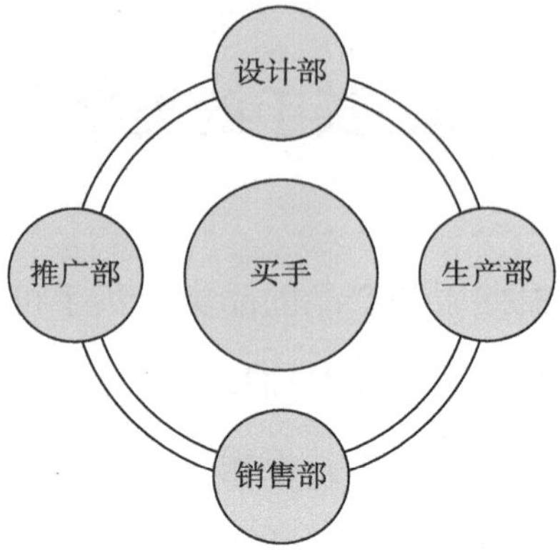

图 1－1　买手工作参与图

2. 决策型买手

决策型买手是产品开发的主力，有很大的发挥空间。买手可以决策新一季产品的款式、产品线及采购价格等。决策型买手服务的企业主要有以下几种类型：

①买手型服装品牌。随着服装产品发展的快速化和多元化，一些买手型服装品牌逐渐出现，这些品牌没有自己的设计师团队，主要依靠买手去各地采买货品进行贴牌生产。因此，买手拥有更多的决策权。在采购新产品之前，买手需要提前做好采购企划，如新产品的主题规划、色彩系列、面料倾向、产品线及价格等。

②买手型百货公司。买手型百货公司跟招商型百货公司不同，他们并不会把店铺以出租或销售扣点的方式租给品牌商，而是依靠自己的买

手团队，根据百货公司客户的定位去挑选产品。例如连卡佛百货，每季都由专业买手在全球搜罗设计师产品，在店铺分类整理后出售。除了搜罗知名的奢侈品品牌外，连卡佛的买手也会到世界各地的展厅挑选许多小众的设计师品牌，买手对货品的选择上有很大的决策权。

③买手店。买手店一般是以买手或店主本人的眼光和审美趣味为基调采买货品，再将产品按照买手的想法组合陈列进行售卖。按照店铺规模的大小，可分为品牌集合买手店、单品买手店，如 BNC、Triple-Major、栋梁等。品牌集合买手店店铺面积较大，店铺内集合多个品牌，一般为独立设计师品牌，每个品牌都有清晰的定位及客户群，每个品牌在店铺内都有独立的分区，货品的系列感较强。店铺与品牌之间一般是代销模式或销售分成模式。对于品牌集合店来说，买手占绝对主导地位，对进店品牌及产品有较强的决策权，会根据店铺消费者定位挑选进店的品牌及货品。单品买手店一般为小型买手店，店主通常就是买手，多数会从国内外的批发商或 Show room（商品陈列室）中搜罗货品，再根据个人的审美进行陈列售卖，货品多以单品为主，缺乏系列感。

④电商买手。2003 年以后，中国的电子商务进入爆发性的繁荣期，电商店铺的产品种类也开始向多元化发展；很多电商公司最初从单款售卖起步，随着客户需求井喷式的增长，产品线也急需扩充，便催生了电商买手。电商买手主要根据市场反映及流行趋势进行线上产品的组织采买，如韩都衣舍的买手团队主要跟踪流行趋势及韩国品牌产品的动态，从中筛选合适的产品进行样衣采购、试销，基于市场反映好的款式，再找工厂进行批量生产。

不同类型的买手，工作内容也有一定的区别，但都要经历从初级到专业的过程，从基本的客户群体定位、数据分析到独立企划、下单选货，买手不仅需要具备过硬的专业知识，还要对流行元素高度敏感，具备较强的数据分析能力，在每季的企划、选货、调整、总结过程中不断历练，才能成长为独当一面的专业买手。

二、买手的工作职责及工作流程

(1) 配合型买手的工作职责及工作流程

配合型买手需要与设计部、生产部、销售部协同工作，工作内容随着产品开发流程的推进而相应变化。具体工作流程如下：

①产品开发前，买手在进行流行趋势的调研及往季销售数据的分析总结的基础上，还需参加各类展会，为设计师开发新一季的产品采购样衣。

②产品开发阶段，买手与设计师协同制订新一季的产品企划，确定主题、款式、色彩、面料，以及需要买手采购的产品线，买手会在这个阶段制订好采买计划。

③买手与生产部讨论需要采买货品的成本，做出采购预算后，开始货品采买工作。

④设计筛选阶段，买手与设计师需要一起审版，筛选、调整样衣，确定可以投放生产的款式。同时，买手还需跟踪已经下单采买的货品信息，保证货品在规定的时间进入仓库。

⑤全部的产品线完成之后，买手还要与设计师一起进行产品线的组合搭配，完成后再配合物流部按照上货波段安排货品上架销售。

⑥销售阶段，买手需要协助销售部分析货品的销售数据、组织货品调配等。

(2) 决策型买手的工作职责及工作流程

决策型买手在产品开发过程中承担着设计师与买手的双重角色，在用理性思维分析数据的同时，还需要以艺术家的审美品位负责企业新产品的组织与开发。决策型买手作为企业的灵魂，对服装产品有很大的决策权，需要制订详细的买手企划，为日后采买货品确立方向。在买手型服装企业中，买手工作贯穿于整个产品开发过程，买手在做产品企划的同时，还要与生产部、与运营部商议制订采购预算。接下来，买手需要参加各种展会或拜访供应商，挑选产品，下单采买。此外，买手还需要跟进订单信息，确保货品可以按时交付。等到货后，买手需要协助运营部将货品分批次发往各个门店，最后与销售部一起追踪销售、调拨货品，做好销售分析，为下一季的货品采购提供参考。专业买手能够掌握产品在流通周期中各环节的状态，适时做出优化，确保产品及时投放市场，获得利润。在此过程中，优秀的买手可以积累到各环节的经验，经过不断的磨炼，有希望成长为整个品牌的掌舵人。如图 1－2 所示。

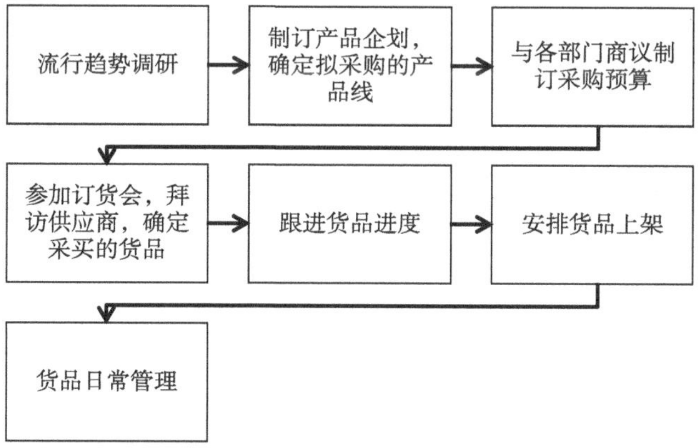

图 1－2　决策型买手的工作流程

第二章

买手的硬核技能：企划

买手作为采购产品的决策者，在做新产品的企划时需要同时具备艺术与理性思维。买手不仅要把握好本品牌的风格，做好主题风格的规划，还要在流行趋势下选择符合目标消费者的产品，平衡好采买货品的结构。因此，买手要从流行趋势的调研出发，抓好目标消费者的定位，从产品的主题、色彩、货品结构等方面层层递进，深入规划。

一、流行趋势调研

专业买手需要对时尚有敏锐的眼光和洞察力，熟知流行趋势。而对于流行趋势的把握，主要包括产品的色彩、面料、档次与价格。在准备新一季的产品企划之前，买手一定要进行充分的调研。调研包括对流行趋势、固定消费群体的调查研究，充分的调研不仅能提高采买货品的畅销度，还能帮助买手规避采买货品时的失误。如果说对消费群体的调研能帮助买手买到消费者喜爱的产品，那么对流行趋势的调研则能让买手买到符合流行趋势的产品。

1. 流行时尚的概念及传播原理

流行时尚，是指在一定时期内，在全球范围内，在不同层次、阶层的人群中广泛传播起来的服装服饰。时尚流行具有一定的生命周期，一般会经历萌芽期、发展期、高峰期、衰退期几个阶段。如图

2－1 所示。

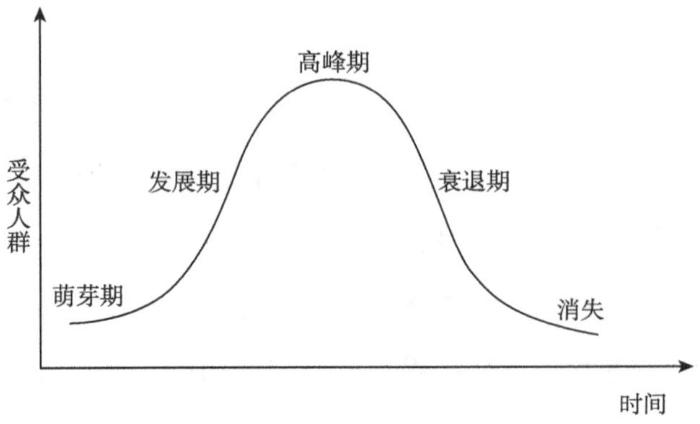

图 2－1　流行生命周期

萌芽期。设计师或创新者在这一时期创造出新的设计或者元素，这一阶段只有创新者、设计师、艺术家、买手等时尚专业人士参与。

发展期。随着流行元素的传播，喜欢尝试新设计的时尚爱好者，如时尚博主、明星名流、时装编辑等群体接受了这些新设计，并借助自身的影响力向周围的人传播这些新设计、新元素。同时，一些快时尚品牌及零售商也开始模仿和制造包括此类流行元素的产品，并将其投放市场进行测试销售。

高峰期。有了这些明星名流、时尚博主、快时尚零售商的带动，越来越多的普通消费者开始接受并消费这些流行元素，新的潮流开始普及。这一时期，市场上的品牌商、服装企业会加大对此类流行元素产品的投入，配合相应的广告宣传，使这些产品成为市场热卖产品，此时流行达到了高峰。

衰退期。经过一段时间的流行，原来的流行元素逐渐被新的流行时装或元素取代，本周期的流行过程逐渐消失。受多种因素的影响，流行接受的程度与范围有大有小，流行周期有长有短，流行时尚也可能出现不可控或者不规则的状况。

按照流行元素流行时间的长短，可以分为短线款、潮流款和经典款。短线款，指流行时间很短，受众群体小的产品。潮流款，指在市场上流行了一两个季度，受众群体广的产品。经典款，指在市面上流行时间长，不容易被时间淘汰的流行元素，如小黑裙、POLO衫等。

短线款、潮流款、经典款是以流行时间长短划分的。如图2－2所示。

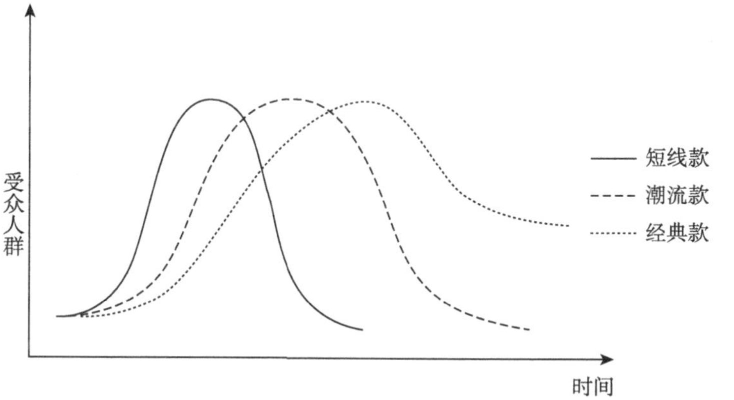

图2－2　短线款、潮流款、经典款流行周期图

2. 流行传播方式

（1）自上而下式

潮流由艺术家、创新者、设计师等创造出来后，被先锋时尚人士追随，这类人通常有敏锐的时尚嗅觉，热爱时尚，勇于尝新，如明星、时尚博主等。这些时尚先锋人士通过各种媒介影响周围的人，使新潮流在大众消费者中广泛流行。这种流行模式是个别人创造，少数人引领，大多数人追随的模式，呈金字塔状。如图2－3所示。

（2）水平传播式

随着工业信息化的发展，借助杂志、互联网等平台，媒介能够把有

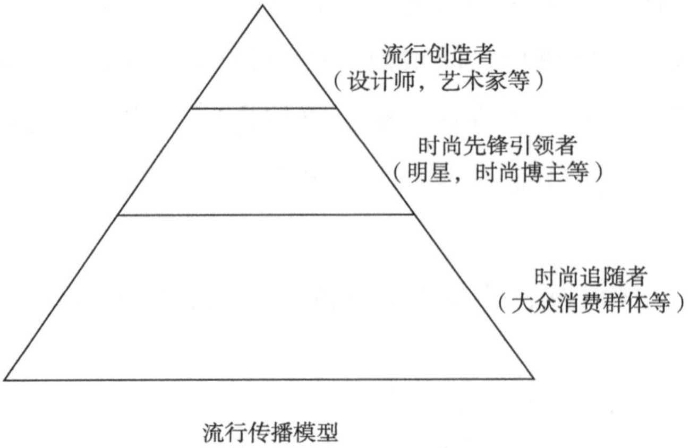

图 2-3　自上而下式流行传播方式

关流行的大量信息同时向社会各个阶层传播。因此，流行在所有社会阶层中同时开始。例如巴黎、纽约、米兰、伦敦、东京等时尚之都，可以借助互联网把他们的时尚元素向全球扩散，各个阶层的消费者都可以迅速接收到时尚流行资讯并相互传播。

（3）逆向传播式

相对于流行由设计师或创新者创造，逐渐向消费者传播的方式，逆向传播式指流行由消费者创造并被大众接受，进而影响创新者的方式。例如牛仔裤是为了满足美国淘金工人的工作需要而诞生的，由平民阶层向精英阶层逐渐传播，继而引发全球的流行热潮。

传播是时尚流行的重要手段，如果没有传播就没有流行，也就无法呈现多种多样的着装风格。同时，流行又被多种因素左右，如经济、政治、文化、科技等。例如中华人民共和国成立后流行的布拉吉（即连衣裙），便是受当时中苏友好政治环境的影响。如图 2-4 所示。

二战时期物资短缺，多数男性去前线，女性便担负起养家的重任，因此这一时期便开始流行简单实用的工装风格服饰。如图 2-5 所示。

图 2－4　20 世纪 50 年代中国妇女的着装

图 2－5　二战时期的着装

3. 流行趋势调研的三个途径

买手获取流行趋势的途径通常有以下几种：

（1）浏览专业的时尚咨讯机构

提供时尚资讯的机构，如 WGSN、POP FASHION（流行时尚）等专业的资讯机构，买手可以通过专业咨讯机构获得下几季的流行趋势，包括色彩、面料、款式、主题等。

如图 2－6 所示，国际上有很多著名的服装流行预测机构，例如：

- 美国国际棉花协会（CCI）。
- 美国色彩协会（The Color Association Of the United States）。
- 潘东色彩研究所（Pantone ColorIn—stitute）。
- 国际羊毛眉（International Wool Secretariat）…

国内的流行预测机构：

- 中国纺织信息中心。
- 中国服装协会。
- 中国流行色协会。
- POP－FASHION。
- 蝶讯网……

常用的流行趋势网站如下：

www. wgsn. com　www. vogue. com　www. premiervision. fr

www. pantone. com　www. informat. com　www. pop-fashion. com

www. diexun. com

图 2－6　国际流行趋势预测机构

(2) 归类总结法

服装设计师的系列设计是买手获取流行趋势信息的重要来源之一，

采购周期在一定程度上是按照设计师的发布会制订的。几乎所有服装公司都有设计师，雇用设计师的费用一般是服装产业链上最昂贵的一个环节。设计师每年会开两次服装发布会，其作品主要分为两大类，即高级服装展和成衣展。大众市场的买手不能参加高级服装展，这些服装都是通过高级服装店直接卖给消费者的。高级服装展是在19世纪末20世纪初发展起来的，20世纪50年代达到顶峰。然而，到了20世纪末，其影响力日渐下降，已不再是流行风向标的主要信息源。相反，成衣展越来越有影响力。在整个时装界，即便在高档零售商不断改变其经营范围的前提下，每年的秋冬季和春夏季服装展仍然是流行趋势的重要支柱。各大品牌及设计师每年会在固定时间举办时装发布会，时尚杂志或时尚网站会第一时间把各大时装周的秀场图放到网络上。专业的时装杂志名称如下：

- Fashion Report.
- VOUGE.
- Moda.
- L'UomoVogue.
- Bambini Collezioni.
- HiFashion.
- UHF.
- Fashion News…

买手可以通过这些时装杂志或网站获取各个设计师系列秀场图，通过对各大品牌设计师的秀场进行归纳分析，便可得出下一季出现的高频色彩及款式面料等，这些高频出现的色彩款式往往是下一季的流行元素。如图2－7、图2－8所示。

（3）参加专业的时尚展会

展会是时尚买手获取流行资讯的重要来源之一。

图2-7 伦敦时装周——几何图案

图2-8 巴黎时装周——极简廓形

①服装博览会通常每6个月举办一次，其范围覆盖所有的服装产业。买手会根据自己产品和潜在市场情况参加相关产品领域的交易会。

②国际服装界最负盛名的服装面料交易博览会是每年3月和10月在巴黎举办的法国第一视觉面料展（Premiere Vision，PV），展览会上有成千上万的面料制造商和代理商展出最新款式的系列面料。同时，一些参展商还会在中心展示区展出相关面料样品和色彩预测样品，还会有专门的视听展示会详细地解释流行趋势。博览会还设有专门的展区，向观众展示印花商的新产品。许多零售商和制造商把参加第一视觉面料展的机会作为其开发新季服装的开始，因为春季博览会囊括了春夏季的面料款式，而秋季博览会展示的是明年的秋冬面料。

③针对不同的市场需求还会有各种专门交易会，如巴黎国际内衣展（Salon Interna-tional de la Lingerie）和内衣面料展（Interfili-bre）。这两个展览会每年 1 月同时在巴黎举行，同期开幕的展览会还有童装展（Mode Enfantine）和巴黎国际鞋展（Salon International-de la Chaussure）。在此之前，会先期举办佛罗伦萨国际纱线展览（Pitti Filati）。

④还有许多专门的女装展会，这是占有服装市场份额最大的一个板块，通常按年龄、生活方式和价格进行分类。在英国，大牌设计师的作品要在伦敦时装周的 T 台上进行展示，中档市场的女装会在伦敦国际女装展中展示，男装、女装、鞋及配饰则会在英国伯明翰国际时尚展中展示。英国的这些服装展览会相对来说已经发生了很大改变，有一些展览会近年来不再举办，取而代之的是一些新的展览会。服装博览会一般只针对服装专业人士开放，如买手、设计师和销售人员，此外还会允许一部分学生参观。展会门票一般由参展商免费发出，但是进入展会现场还会收取一定的入场费。

⑤中国的展会包括中国国际服装博览会（CHIC）、广州交易会、上海 MODE 展、香港时装节等。

服装面料展会如图 2－9 所示。

图 2－9　服装面料展会

4. 信息收集四要素

根据流行水平传播及逆向传播原理，街头时尚和消费者信息也对流行起着重要作用，买手要注重对消费者信息的收集，通过消费者也可以了解一定的流行趋势。

（1）街头扫描

采集消费者的信息，可以通过街头问卷调查或者街拍方式，记录街头消费者的时尚信息动态。

（2）价值观和生活态度

消费者的时尚风格往往与他们的生活方式和价值观密不可分，如反映小资、新奢华主义等服装风格。消费者的价值观与生活态度等，也影响他们的消费习惯。因此，通过对消费者生活态度及价值观的观察与分析，往往可以得到重要的流行信息。

（3）消费层次

消费层次一般分为实用型消费、炫耀型消费、风格型消费。消费层次对消费者的产品购买决策具有重要的影响，买手对于消费者消费层次的调查与分析同样是新产品创造与推广的基础。

（4）人口数据及区域文化的调查

出生率、年龄分布、平均每户人口数、家庭收入、单身或未婚情侣的收入情况、人口迁移、文化融合等因素都对流行产生了一定的影响，买手需关注这类因素，以便找出新的消费趋向。不同区域消费者的消费文化也有一定的差异，如以北京为主的北方地区讲究洒脱稳重，以广州、深圳为主的华南地区则突出女性的柔婉，以上海为中心的长江三角洲地区的沪派服装（海派服装）尽显俏丽华贵，以武汉为基地的华中地区凸显端庄大方。这些因素及风格也对流行趋势产生了一定的影响，同样需要买手进行调研分析。

二、消费者心理分析及定位

对目标客户的分析与研究是时尚买手做企划前的重要议题，好的客户分析与研究可以帮助买手了解目标客户的需求，从而为接下来的产品采购提供有利的数据参考。因此买手需要对目标消费群体进行充分的调查研究。

1. 消费者心理分析

时尚消费者心理，是指消费者在购买时尚产品过程中产生的系列心理活动，它是消费者对客观时装产品等消费对象与其自身主观消费需求的综合反应。消费者心理又直接影响他们的消费行为。消费者心理与以下诸多因素有关：

（1）年龄

不同年龄段的消费者对时尚产品的选择有一定的差异。一般情况下，年轻人自我表现欲望强烈，喜欢追求新鲜潮流的时尚产品；中老年人在时装的选择上更趋保守，注重舒适性与功能性。不同年龄段的消费者身材特征也不同，买手需根据目标消费者的年龄特征综合考虑产品的款式、色彩、面料、尺寸等要素。

（2）性别因素

由于生理及心理的差异，男性与女性在服装消费行为上也存在明显的区别。女性消费者消费时比较感性，容易冲动消费，购买服装更看重美观性。男性消费者更加理性，购买服装时除了看重外观之外还注重实用、方便等功能。

（3）经济因素

经济收入决定时装消费者的消费层次，直接影响其消费心理。为温饱发愁的低收入群体，即便喜爱奢侈品也不会一掷千金去购买。当消费者收入高且稳定时，往往会选择高品质的产品，并且消费频率也会相应增加。

（4）社会因素

消费者在社会中担任的角色不同，选择时装产品也存在一定的差异。例如教师往往倾向知性优雅、内敛含蓄的服装风格，不会选择过于前卫夸张的时装风格；商务人士更看重服装产品的品质与工艺；从事艺术行业的人士更钟情能够展示个人风格、设计感强的时装产品。

（5）文化因素

不同国家、不同地域的文化直接影响消费者的消费心理。例如巴黎的消费者更愿意购买优雅、浪漫、色彩和谐的时尚产品，他们通常认为花花绿绿的服装是吉卜赛的风格；而以前卫著称的伦敦消费者更钟情时髦前卫、设计大胆的时装。在中国并不畅销的珠片小礼服在英国却大受欢迎，因为英国的酒吧文化使更多的女性消费者热衷购买这类小礼服。

（6）个人因素

人作为不同社会条件下的产物，在性格、爱好、品位、志趣方面都有差异。一些年轻人喜欢含蓄内敛、成熟稳重的风格，而有些年轻人喜欢热情奔放、前卫时尚、凸显个性的风格。有人喜欢朴素舒适的田园风格，有人中意雍容华贵的风格，这些都是消费者个人因素的体现。

买手对消费者心理的研究，不仅需要更加细腻与精确，还要对目标消费者进行准确的定位和细分，这样才能快速准确地采买到消费者愿意买单的产品，在不断更新、竞争日益激烈的市场中取得优势。

2. 如何定位消费者

对消费者的细分定位，主要从地理细分、人口细分、心理细分和行为细分几个方面展开。具体内容如下：

（1）地理细分

地理细分，就是将市场分为不同的地理单位，地理标准可以选择国家、省、市、县、居民区等。不同地区的消费者有不同的生活方式和风俗习惯，在时尚产品的选择上也有很大区别。例如北京、上海等一线城市的消费者对时装产品的时尚度要求比二三线城市的消费者高，而南方和北方的消费者对时装产品面料的要求也有明显区别。我国幅员辽阔，冬季北方飘雪的时候，南方还是艳阳高照，南北方消费者购买衣服的保暖需求自然也不同。在做买手企划前，买手要对目标消费者所在区域分布有充分的了解，有针对性地采买适合的产品，如图 2－10 所示。广东

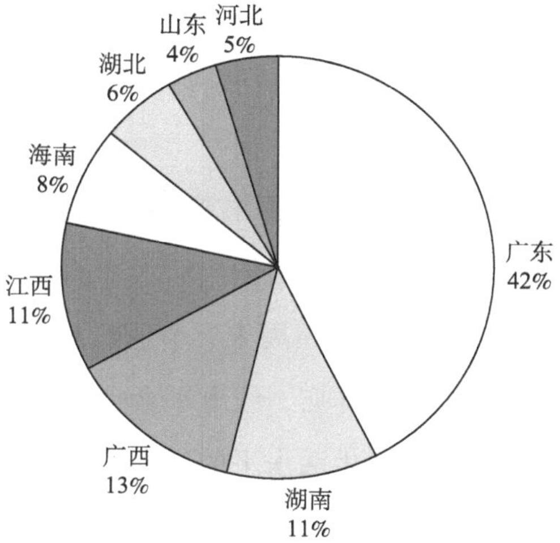

图 2－10　店铺分布图

某女装品牌店铺主要分布在华南及中部地区，买手做秋冬季货品计划时应注意厚羽绒货品比例不宜过高。另外，广东的店铺占比最高，广东的冬季很短，秋装的需求量高于冬装，南方消费者的体型与北方消费者存在一定的差异，订货时号型配比也要根据南北方店铺数量进行合理的分配，这些都是买手需要考虑的因素。

（2）人口细分

人口细分主要根据年龄、性别、受教育程度、职业、收入、宗教信仰等对消费者进行划分，这些因素直接影响消费者购买服装产品。例如定位在 13 ~ 17 岁的年轻消费者，正处于青春期，衣服很快就不合身了，同时这个年龄段的消费者经济不独立，所以他们不太会购买昂贵的衣服。

（3）心理细分

同一地域，人口因素相似的消费者，服装消费需求也有很大的差异，主要是受心理因素的影响。心理细分主要根据消费者的生活方式、性格等来划分。生活方式反映消费者对待生活、工作、时尚的态度和行为，根据生活方式可以把消费者分为享乐主义者、实用主义者、紧随潮流者、因循守旧者等类型。性格方面，消费者在购买服装时通常会选择一些能够表现自己性格的款式、色彩等设计元素。根据消费者的性格差异，可以分为独立、保守、前卫、外向、内向等类型。

（4）行为细分

行为细分，是指消费者在购买服装产品时的行为特点，如消费时间、消费渠道、消费频率等。随着人们生活水平的提高，消费者购买服装不仅仅局限于换季时节，还会在周末、节假日或者商场促销时购买。购买的渠道也不仅仅局限于实体店，线上平台也成了服装消费的重要场所。人们购买服装的频率随着生活水平的提高不断提高，加上网络平台的便利因素，消费者甚至不用去商场里购买，只要在家里看直播动动手指就可以下单购买。

买手通过对消费群体各个因素的分析，锁定目标消费群体，因地制宜、因时制宜，为消费者提供所需产品，对消费群体定位越清晰，买手在采买货品时的指向性就越准确。例如广东例外女装品牌的目标消费群体定位非常清晰，25～38 岁，受过良好教育，具有一定的文化艺术修养，能够接受新鲜事物，追求时尚流行和个性独立的高收入女性。如图 2－11 所示。

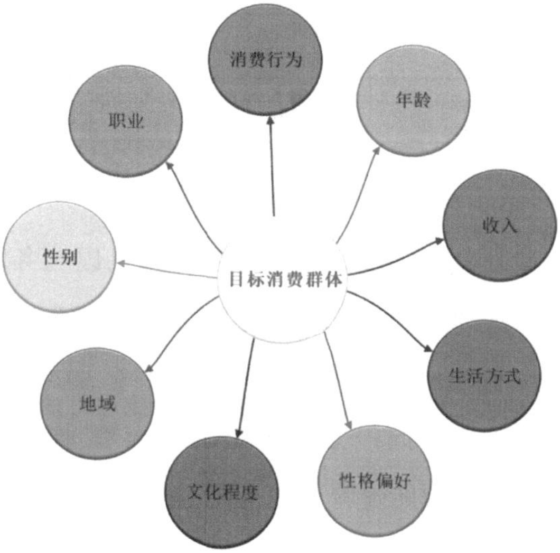

图 2－11　消费者定位相关因素

三、主题风格规划实例

产品的主题与风格定位是买手产品企划的中心环节，每一个新产品都是买手对产品主题与风格的具体表现。主题是在产品风格基础上，结合流行趋势制订的新产品开发的主旨。一个主题的设定不但决定了对后续面料、色彩、款式和细节等元素的取舍原则，还决定了服装产品最终何种形象在终端店铺中与消费者见面。对于品牌店铺的买手而言，品牌风格只有一个，但它的产品主题根据流行趋势的要求可以有多个。主题确定后，就进入对具体款式的挑选环节，即在不同主题框架下买手对面料、款式、颜色、细节、配件等元素进行取舍，最后对确定下来的款式进行技术上的落实。如图 2－12 所示。

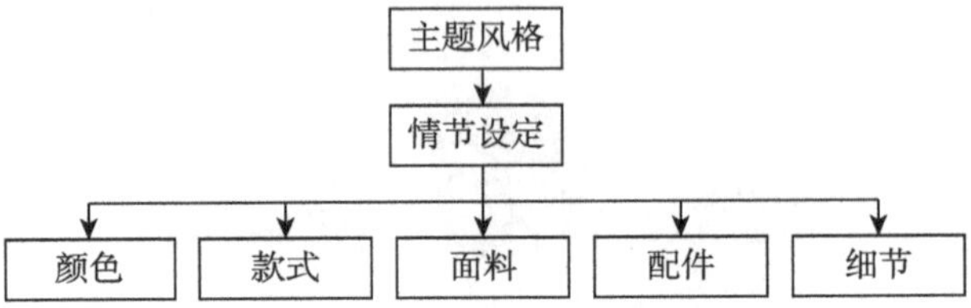

图 2－12　主题风格架构

广东某买手型女装品牌 2019 年春夏主题，以当年流行色为依据，在流行趋势调研的基础上做出规划：品牌分为三个系列，分别是商务系列、休闲系列和度假系列。2019 年春夏买手企划的名称为“莺初解语”，根据产品系列的不同，分别设定鸟鸣、春来、飞鸟、未雨、新雨、迟日六个主题。主题的诠释及色彩对应如图 2－13 所示。

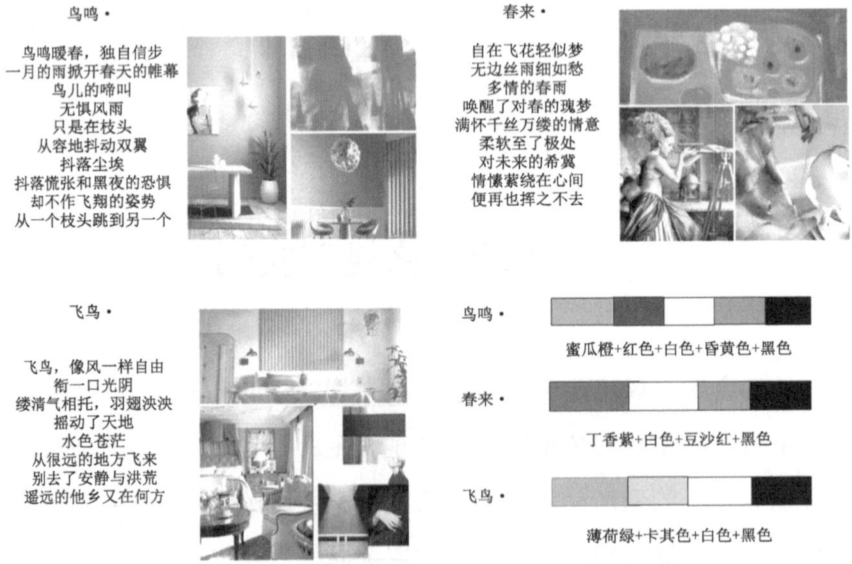

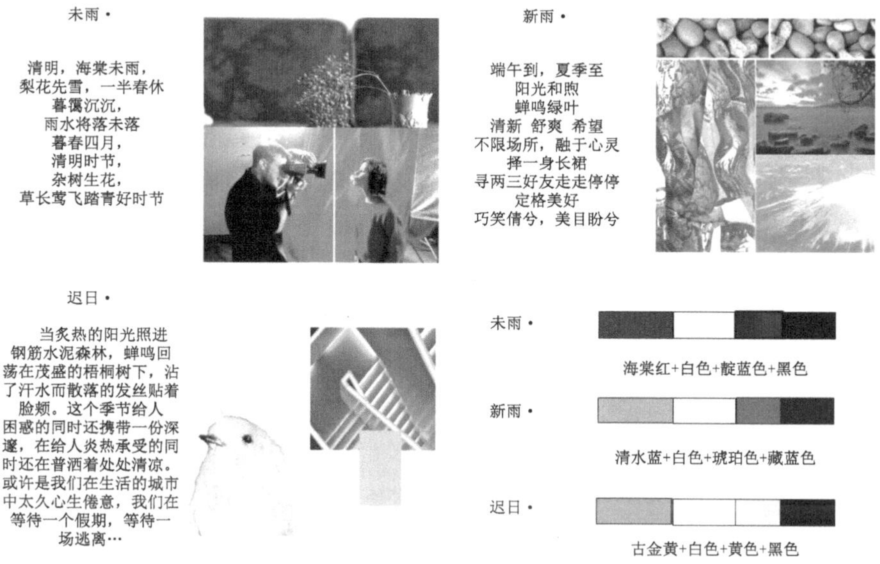

图 2－13 春夏系列主题企划

作为最先映入眼帘的服装要素，色彩是新产品非常重要的视觉要素，买手需要对色彩进行有序的规划。根据每个系列的不同主题，规划相应的色彩系列。选择色彩时要根据消费者的定位、季节的因素、上下款搭配以及整个卖场的色彩进行统一规划。每个系列首先要确定主色调及主色调的具体色彩，即每个系列可使用的大部分色彩，主色彩选定后再确定其他辅色。主题和颜色确定后，便可展开对每个系列意向款式的开发，根据品牌风格和主题，结合流行趋势确定意向款式。

（1）鸟鸣主题系列——花知鸟鸣

丰富的色彩在这一年尽情地体现出来，以蜜瓜橙为主色，以红色、昏黄色为点缀色，自然也会给人一种很朝气、很快乐的阳光活力感。如图 2－14 所示。

（2）春来主题系列——花见春来

盛放的鲜花跃然服装上，加上经典的黑白系组成的商务系列，让你的衣橱丰富多彩。优质的面料给肌肤带来更好的体验。在颜色上，以丁香紫、豆沙红为主色，浪漫迷人。如图 2－15 所示。

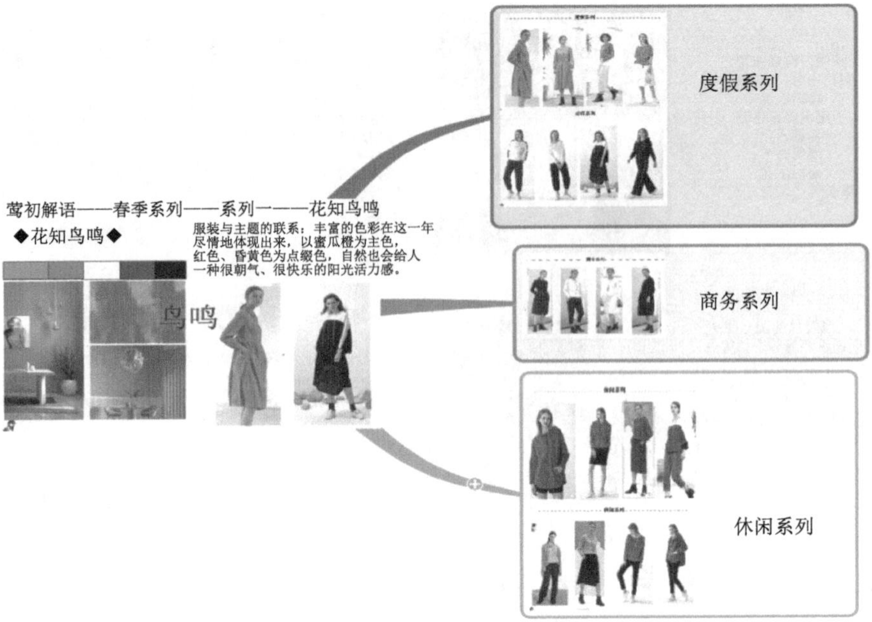

图 2－14　鸟鸣主题

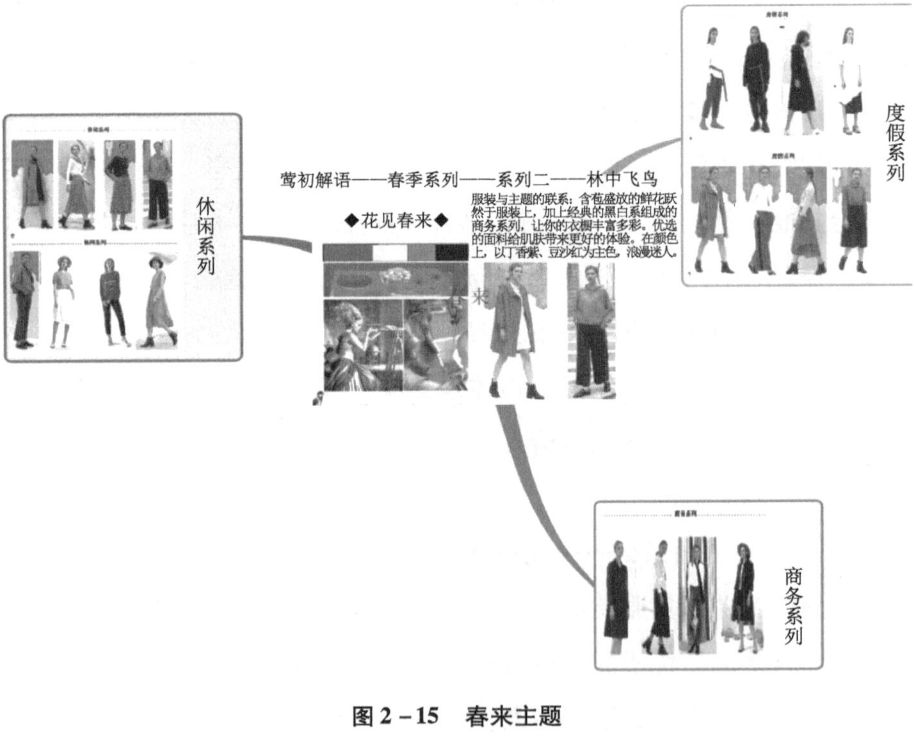

图 2－15　春来主题

（3）飞鸟主题系列——林中飞鸟

这一系列的产品以薄荷绿为主色，卡其色为点缀色，春夏交替的季节，以休闲、度假为主的系列产品让我们这个夏季像鸟儿一样灵动自由。如图 2－16 所示。

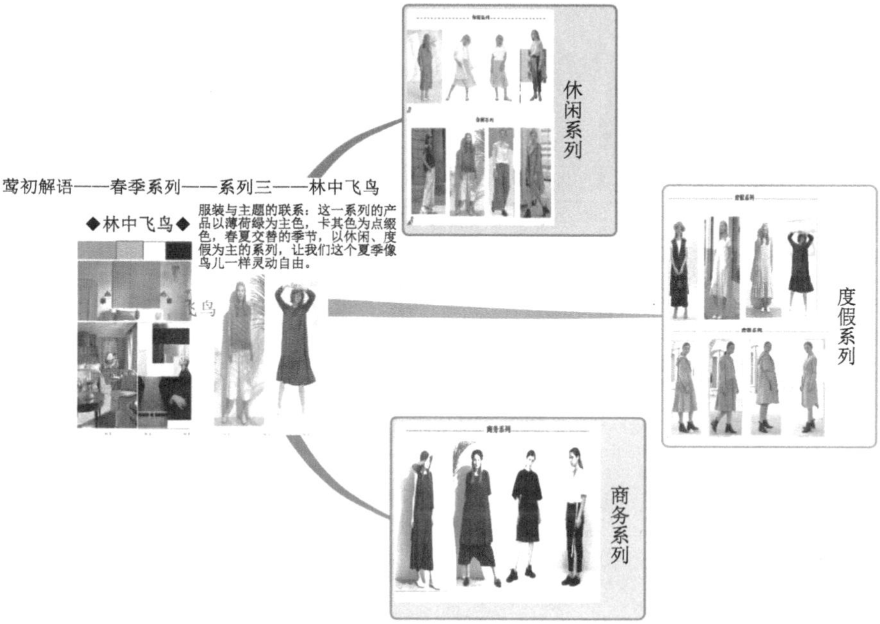

图 2－16 飞鸟主题

（4）未雨主题系列——海棠未雨

以亚麻、丝光棉等天然面料为核心的产品，在颜色上，以海棠红、靛蓝色为主色，朴素的同时带有女性魅力，让这个夏天更加姿色妖娆。如图 2－17 所示。

（5）新雨主题系列——空山新雨

以印花为核心的休闲系列注入了欧派印象画元素，展现这一系列产品的魅力点，下摆不规则设计，精致的蓝色印花面料体现夏日清爽的效果。在颜色上，以清水蓝、琥珀色、深蓝色为主色，阳光活力，干净舒适。如图 2－18 所示。

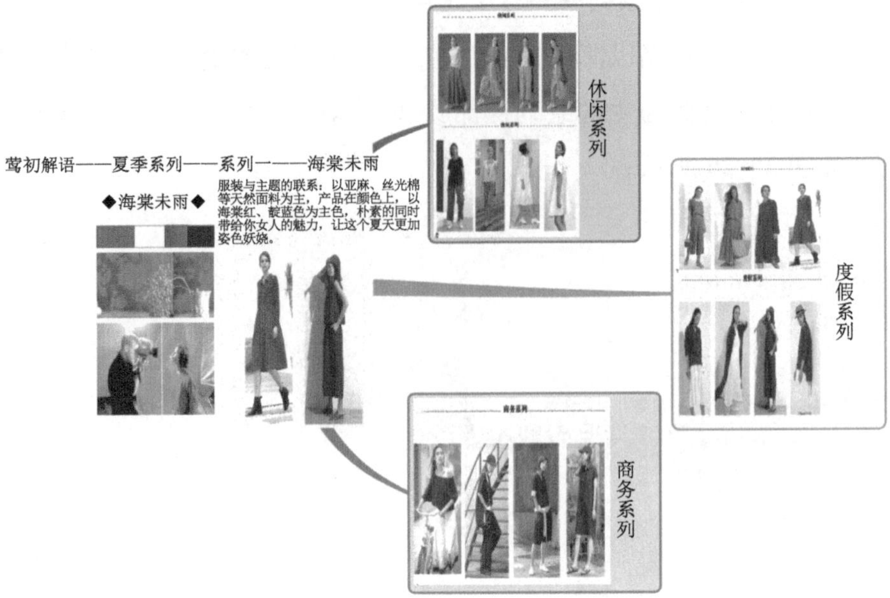

图 2－17　未雨主题

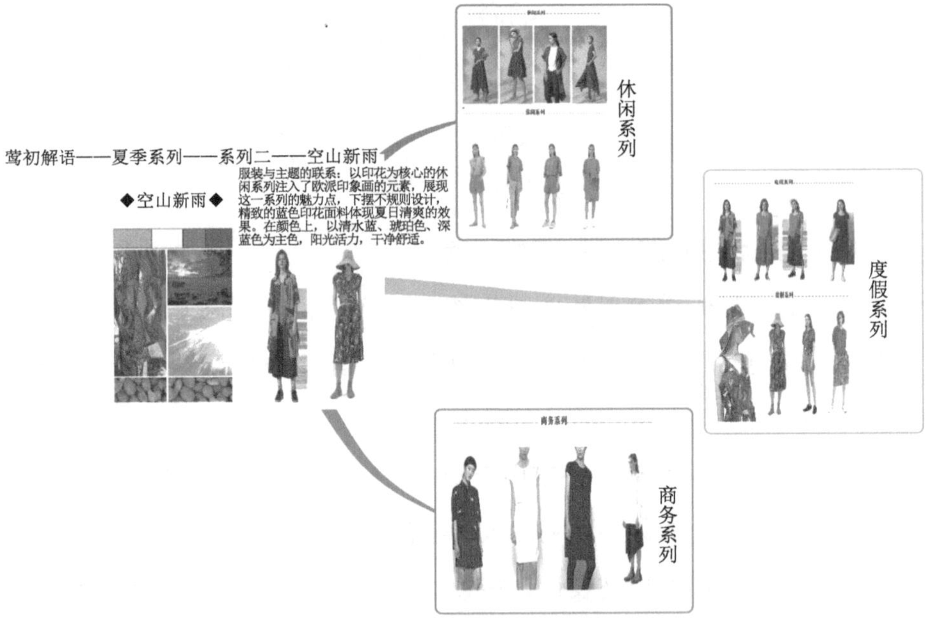

图 2－18　新雨主题

(6) 迟日主题系列——欲燃迟日

以休闲时尚为核心，休闲系列产品以全新的舒适穿着体验为目的，在颜色上，以古金黄为主色，用清新的碎花搭配点缀，通过同类色的运用营造整体的时尚感。如图 2－19 所示。

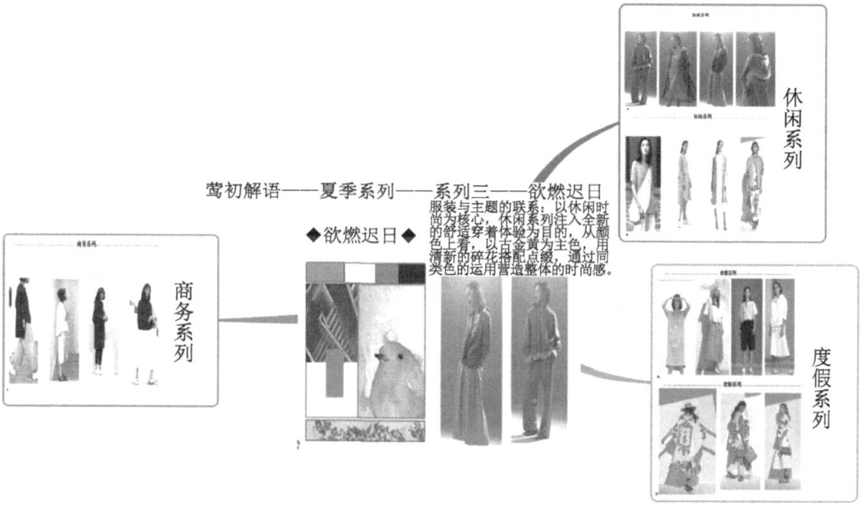

图 2－19　迟日主题

四、如何做好货品的结构规划

当买手完成主题风格规划之后，就可以着手进行货品结构规划，即对新一季产品的货品种类和款式进行规划，整盘货品的款量规划是企划中很重要的一环。企业最怕的不是个别产品生产不合理，而是出现整个批次的货品缺失，或者整个类别的货品缺失，或者整个颜色不成系统，这种结构性错误往往导致灾难性后果。我们有时会发现一些服装卖场上下装数量差距悬殊，买到上衣后找不到可以搭配的裤子，或者内搭很多外套极少，这些均属于产品结构规划不合理，会严重影响产品的销售。买手要以店铺面积及店铺销售能力为基础，根据店铺档案及季度预计开店规划来核算各种面积的店铺占总店铺的比例，并按照占比数最大的店铺面积和货品上市节奏来规划季度货品开发款量；要根据各店铺实际销售货品的大类结构比例，具体细化到每个货品大类每个上市波段的款量。

此外，我们常常会发现有些店铺秋冬货品中秋装和冬装很多，秋冬之交的货品很少；或者冬装和春装很多，冬春之交的货品很少。店铺里的货品要么已过季，要么季节没来，就是没有应季产品，严重影响货品的销售。因此，做新一季企划时，买手需要对货品结构进行梳理规划，从品类、价格、尺码等方面进行规划。这个阶段，需从以下几个方面入手：

1. 服装销售季节划分

传统的服装销售按照春夏秋冬四季划分，做产品企划时，一般按照春夏、秋冬的季节进行规划。以北半球为例，春夏的服装交易从 2 月开始到 8 月结束，6 月末开始换季打折销售，秋冬的服装交易从 8 月持续到明年 2 月。在西方，服装圣诞节后开始打折销售；在中国，一般以春节为节点，服装年后开始降价促销。随着人们生活水平的提高，时尚更新速度越来越快，人们购买服装的行为不仅仅在换季时，因此销售季节的划分也越来越细。以北半球为例，早春服装的销售时机为 1 月—2 月，2 月—3 月为春季产品销售时间，很多品牌 3 月末的时候会有季中促销打折，4 月—5 月为早夏产品销售时间，6 月—7 月为夏季产品销售时机。7 月—8 月为夏末秋初产品换季促销时期，9 月开始进行秋装销售，10 月逐渐加入冬季产品的销售并一直持续到明年 1 月。很多公司在特定的节日，如春节、圣诞节会推出特定的节日系列产品，这些系列产品一般会提前一个月上架。

2. 熟悉服装货品组成

服装货品主要由基本款、副产品、促销款、形象款和配饰产品组成，买手通过对以往销售数据的分析，规划这些货品的构成比例。

基本款。数量大、款式少、消费者需求较大的产品，销售此类产品获得的毛利一般可维持店铺的日常开销，其占店铺产品总量的比例一般不超过60%。

副产品。也是利润产品，指具有品牌风格、有一定个性、中高价位的产品，此类产品的销售可成为店铺获利的主要来源，一般占产品总量的30%。

促销款。即作为活动使用的款式，形成竞争，衬托气氛，营造活动价格优势的产品。

形象款。又称明星款，指概念化的、具有明显的品牌风格、价格较高的产品，这类产品在店铺中必须配置，但一般不超过总量的5%。

配饰产品。辅助销售，赢取附加利润的产品，如项链、领带、腰带、帽子、箱包等。

3. SKU 宽度及深度规划

不同货号对应的产品就是不同的SKU，SKU是库存的最小单位，单色单款单码即视为一个SKU，同款不同颜色的产品也是不同的SKU，在订货额（OTB）一定的情况下，两者成反比。SKU宽度越宽，店铺服装品类越丰富，给人琳琅满目的感觉。SKU 的深度越深，意味着每款单品的数量就越多。

SKU 宽度，指提供给客户不同产品线的数量，即买手可以买到多少款式的产品。例如 20 个不同款式（颜色）的 T 恤、连衣裙、半身裙等。

SKU 深度，指每个款式的库存数量。例如 5 种不同风格的 T 恤，每款有 8 种规格尺寸及颜色。SKU 宽度增加意味着可以有更多的产品选择，SKU 深度增加则可以提供更多的尺寸和数量选择。买手的订货宽度就是每季所订的 SKU 数量。订货深度则是每个 SKU 的平均订购数量。

SKU 的宽度对买手采购计划和销售门店都有直接的影响。SKU 过多会让卖场显得拥挤，不能保证所有款式的陈列有效。在采购预算资金一定的情况下，SKU 过多会造成 SKU 的平均深度不足，即单款的核心码数不足，如果消费者需要的码数断货，会严重影响消费者的购买体验，大多数消费者听到没有自己合适的尺码都会放弃购买。SKU 过少则会导致店铺的货品不够丰富，同时也无法合理规划上市波段，也就降低了新产品的更新频率，降低卖场对消费者的吸引力，因此买手需要平衡好 SKU 的宽度与深度。买手在做新产品企划时需对 SKU 的数量进行规划预测。

公司整盘货的 SKU 可以分解为每个门店 SKU 的总和。一般情况下，店铺的 SKU 数为陈列产品数量的 70% ~85%，如店面服装为 200 个，则应陈列 SKU 数为 140 ~160 个。如 SKU 小于陈列数量的 70%，则 SKU 太少或者店面留空太大，或重复出样太多太单调。若 SKU 数大于 85%，重点款式没有足够的展示，并且店面货品过于繁杂。买手通过对各个门店 SKU 数据的汇总再加上预期开新店所需的 SKU，即预估出新一季 SKU 的数量。

除此之外，买手也可以通过对往期及同期的销售数据进行分析，综合各门店的销售情况及新一季门店拓展的数量，预估下一季新产品的SKU宽度，未来将在这个宽度内向各门店配货。如图2－20所示。

图2－20　给各门店配货

4. 产品品种规划

服装产品品种繁多，根据性别分为男装、女装、中性装，按照年龄分为婴儿服装、幼儿服装、学龄儿童装、少年装、青年装、成年装、中老年装，女装按年龄可分为少淑、中淑、大淑等，按照品种类型又可分为外套、棉衣、羽绒服、衬衫、T恤、风衣、裤子、连衣裙等。再将这些产品进一步细分，例如裤子能分为七分裤、九分裤、长裤、热裤等。不同品牌的产品，品类结构也不相同，例如以销售牛仔裤为主的Lee品牌，并不具备所有的产品品类，主要是牛仔相关的品类。而一个全品类的品牌产品系列，需要涵盖全面的品种类型，买手可以根据以往的销售数据，分析出畅销的品种类型，同时根据以往的销售情况完善新一季产品品种类型配比。如图 2－21 所示。

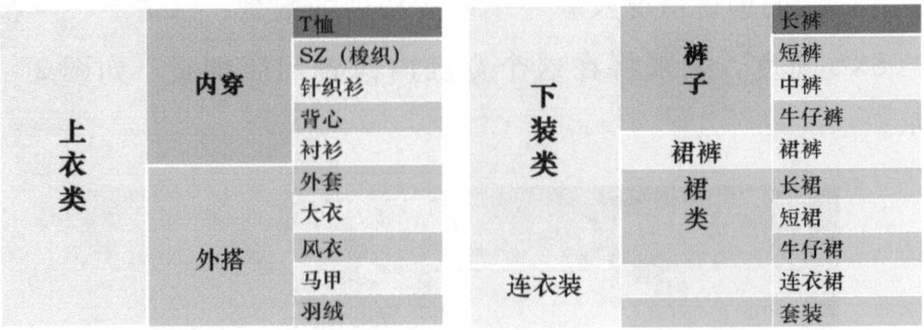

图 2－21　服装品类划分

线下品牌规划新产品品类配比时，一般遵循以下原则：

A. 品类完整原则。尽量完善服装品种类型，完整的产品品类可以增加服装品类之间相互搭配的概率，同时也便于店铺导购进行连带销售。有经验的导购通常会按照消费者的风格与身材搭配一整套的服饰产品，如上衣、裤子、外套、丝巾、鞋子、包包等，这样不仅可以增加成交的概率，还能够进行产品连带销售，完整的产品类型是导购进行连带销售的基础。

B. 畅销品类优先原则。买手规划产品品类配比时，可以通过以往的销售数据分析出畅销产品类型。如在春夏季时，连衣裙的销量最高，外套的销量较低。规划时，可以适当提高连衣裙的配比，按照品类畅销程度由高到低进行配比。

C. 易搭配原则。规划产品品类时还应注意各产品品类之间的相互搭配，如两款上装至少找一款可以搭配的下装，便于导购实现最大化的销售。

5. 面料规划

面料规划，是买手通过对面料流行趋势及往期销售数据进行调研，形成新一季产品使用面料的初步计划。前期做好面料规划，可以帮助买手明确采购方向。做面料规划时要考虑以下因素：

A. 面料种类。面料的种类不宜过多，也不能太少。面料过多，会使卖场看起来杂乱，同时也增加了采购的资金压力。面料种类太少，则会让整盘货看起来不够丰富。

B. 季节因素。买手做面料规划时要考虑季节的变化，随着季节的推移、温度的变化，合理规划面料。以秋冬季为例，随着天气转冷，面料的选择也从薄棉、羊毛过渡到毛呢、羽绒等。厚面料产品，随着天气变冷占比也越来越高。

C. 价格因素。面料的价格直接决定了成衣的价格，因此做面料规划时，买手要考虑到可以接受的价格区间，进而去选择面料。不同的服装品类也有相应的采购价格浮动区间，例如形象款代表了整个品牌和店铺的形象，因此形象款的面料价格可以适当的上调。

五、产品波段及上市规划

服装企业对新产品的市场投放并不是一次性全部投放，而是按照服装产品的生命周期、季节、地域及产品特性等因素，分波段地投放到终端店铺。波段上货一方面可以增加店铺的新鲜度和吸引力，促使营业额出现若干个高峰；另一方面合理的波段上货也有利于导购熟悉货品，做好货品的视觉陈列。买手在做产品波段规划时，需要从产品的生命周期、季节、地域、产品特性等多方面进行综合考虑，合理地安排新产品上货的时间、顺序及数量。

1. 服装产品的生命周期

服装产品同生命一样，也有一个从产生到消退的生命周期。服装产品上架后要经历导入期、成长期、成熟期、衰退期、消亡期几个阶段。

导入期。新一季的服装产品在款式结构确定下来后会先小批量地投放市场，因为这段时间产品还没有完全定型，而且消费者对新产品也还不太了解。表现在销售方面则是销量增长比较缓慢，并且销售不稳定。在这期间，服装产品的利润较低，因此买手要时刻关注终端市场，了解消费者对新产品的反馈信息，以便在第一时间采取措施调整后续产品。

成长期。这一时期服装产品由试销开始转向大批量进入服装市场，终端销量迅速增长，产品进入市场的成长期。在成长期，消费者开始对产品了解并接受，可以大批量上货，这有利于降低生产成本和销售成本。买手在此阶段要注意保证产品的质量，同时还要研究制订出对模仿产品和同类产品的竞争对策，加大产品的宣传力度，保持销量的持续增长，最大限度地延长成长期。

成熟期。当某系列服装产品在市场上已被广泛认识和接受后，销量通过稳步增长达到最高阶段，产品步入市场的成熟期。在这一时期，由于产品生产及工艺更加成熟，成本进一步下落，但竞争更加激烈，市场基本趋于饱和。在成熟期的后期销量开始下降，这一时期需要买手及企业果断地采取应急性战略，如降价倾销策略、移地销售策略，尽可能延长本企业产品的成熟期，即本品牌产品在一个地区进入成熟期后在另一地区可能还处于上升期，对整个企业来说仍然处于生产和销售的上升期。例如由于气候原因，华南地区在某款连衣裙进入成熟期后，北方地区对此款连衣裙的销售仍然处于上升期，买手依然需要继续上货。

衰退期。是指随着流行趋势的衰退，上市产品已开始老化，造型风格已不能适应消费者求新求异的心理需要。新产品开始进入市场，老产品逐渐被新的流行产品取代，这时老产品的销量由缓慢下降转为急剧下降。这一时期，在新产品的冲击下，老产品多靠降价来维持生存。销量可能下降不多，但销售利润急剧下降。因此，买手要加强财务核算，密切关注亏损的可能性，适时放弃老产品。同时，当一种款式进入成熟期时，也是买手逐步上新其他新款的时间。

消亡期。产品从投放市场开始，经过成长期、成熟期再向衰退期、消亡期迈进，是一种生态规律。一种产品在完成一个完整的生命周期之后，买手要及时分析单款的销售情况，为日后的工作积累经验。随着流行更新速度的加快，服装产品的生命周期也变得越来越短，服装正价期一般为上市后的两个月，超过正价期后便可以打折清仓销售，折扣销售可以增加销售额，加速库存的周转。

2. 波段上货时间

买手在制订产品波段时要根据产品的生命周期、品牌定位、消费者对产品更新速度的需求等因素来安排。不同类型的服装品牌，产品波段的数量也不尽相同。例如商务正装及运动装的更新速度相对较慢，可以分为4～6个波段，年轻时尚的品牌一般会有8～10个波段。而以更新速度快、款多量少而著称的快时尚品牌，则可以分成每周上货，甚至每周多次上货，通过快速更新来保持货品的高新鲜度。

季节是制订波段上货时间需要考虑的因素之一，产品的上市时间是影响销售额的直接因素，一般按照比实际季节变更时间早一个月左右上市新货品，买手依据季节的更替，春夏季面料从厚到薄，秋冬季面料从薄到厚制订上货计划。某时尚品牌华南地区店铺春夏新产品的波段按照早春、春季、初夏、夏季及盛夏的季节变化划分波段，随着气温的不断变化，安排不同品类的新产品循序渐进地上架销售。每个波段的货品都要保证产品结构齐全，颜色和码数齐全，波段里按系列上货，不同款式相互容易搭配，否则会直接影响终端店铺的陈列和销售。如表 2－1 所示。

表 2－1　季节上货波段

季节	波段	上货时间	上货品类
早春	早春一波	1 月 1 日—10 日	西装外套、风衣、薄毛衫、长裤、半身裙、卫衣套装、夹克、针织衫、长袖衬衫、薄风衣、牛仔裤、连衣裙、长袖 T 恤、马夹
	早春二波	1 月 20 日—30 日	
	早春三波	2 月 1 日—10 日	
春季	春一波	2 月 20 日—30 日	薄针织衫、七分袖衬衫、薄外套、牛仔裤、九分裤、七分裤、半身裙、连衣裙、薄夹克、马夹、套装
	春二波	3 月 1 日—20 日	
	春三波	4 月 1 日—10 日	
初夏	初夏一波	4 月 10 日—20 日	薄外套、外披、背心、中袖 T 恤、中袖衬衫、半身裙、中裤、裙裤、连衣裙、套装、连体裤
	初夏二波	4 月 20 日—30 日	
	初夏三波	5 月 1 日—10 日	
夏季	夏一波	5 月 10 日—20 日	短袖 T 恤、背心、防晒衫、短袖/无袖上衣、半身裙、中裤、短裤、裙裤、连衣裙、连体裤、外披
	夏二波	5 月 20 日—31 日	
	夏三波	6 月 1 日—10 日	
盛夏	盛夏一波	6 月 10 日—20 日	度假连衣裙、短袖上衣、吊带背心、沙滩裤、短裤、半身裙、防晒衣
	盛夏二波	6 月 20 日—30 日	
	盛夏三波	7 月 1 日—10 日	

品牌的货品一般划分成不同的系列，上货时也需要考虑品类及系列的维度，按照系列进行波段上货规划，有利于保持系列产品的完整性。如表 2－2 所示。

表 2－2　系列品类上货波段表

品类	款数	系列	春季						夏季						合计
			早春一波	早春二波	早春三波	春一波	春二波	春三波	初夏一波	初夏二波	初夏三波	夏一波	夏二波	夏三波	
西装外套	9	休闲系列	2						1						3
		商务系列	3			1			1						5
		度假系列	1												1
衬衫	24	休闲系列	4	2	1	1			2	1		1			12
		商务系列	3	1		1			1	1		1			8
		度假系列	2			1			1						4
针织衫	10	休闲系列	2	1	1	1									5
		商务系列	1												1
		度假系列	2	1					1						4
T 恤	30	休闲系列	3	1		1		1	3	1	1	2	1		14
		商务系列	2			1					1		1		5
		度假系列	2	1	1	1		1	1	1	1	1	1		11
连衣裙	37	休闲系列	3		1	1	1		2	2	1	2	1		14
		商务系列	2	1	1		1		2	2	1	1			11
		度假系列	2		1		1	1	1	1	1	2	1	1	12
……		休闲系列													
		商务系列													
		度假系列													
合计															

除了季节及产品的生命周期，买手还要注意地域因素，我国幅员辽阔，不同地域的气温有明显的差别，南方和北方的季节变化一般会有一个月的时间差。北方的冬季长夏季短，南方的夏季长冬季短，遍及全国的买手需要根据不同地域微观调整各地上货时间。

品牌的定位及店铺位置不同，上货时间也有所差别，买手可以根据店铺的情况灵活把握上货时间。在销售旺季，店铺的货品周转快，可以增加上货次数，淡季可以适当地增加促销次数，减少上货的次数。适当参考以往的上货时间，结合当季的情况制订上货波段。此外，节日是最佳的销售时机，每个节日前都要大量上货，如情人节、妇女节、劳动节、国庆节等，在节前都要进行新款上货及热卖款的补货，以保证店内货源充足。

第三章

超强数据分析能力

买手工作中的一个重要环节就是与数据打交道，买手的“买买买”也是依托在“算算算”的数据分析基础上，买手制定每一季的采购预算（OTB）也与各项数据分析密切相关。同时，企业把各项销售及利润数据作为买手业务考核的依据，因此买手还要具备较强的数据统计及分析能力。

一、买手常用的数据有哪些

①销售目标达成率。销售目标达成率反映了门店业绩达成的情况及能力，可以按照不同的时间来分，如日达成率、周达成率、月达成率、季达成率及年达成率。若达成率低于100%，则表示没有完成销售目标；若高于100%，则为超额完成销售任务。计算公式为：

销售目标达成率=实际完成数额/销售目标×100%

例：某店铺1月销售目标为100000元，实际销售数额为125000元，那么当月销售目标达成率为125000/100000×100%=125%，该店铺当月超额完成销售任务。

②销售同比与销售环比。销售同比是指与上一周期的同时段对比的销售变化，如今年5月与去年5月的销售对比为同比。销售环比指与同一周期的上个时段相比，如今年5月与今年4月的销售额对比称为环比。同比或环比为正数时，代表业绩上升；同比或环比为负数时，代表业绩下滑。计算公式为：

月销售同比 =（今年当月销售总额 - 去年同月销售总额）/去年同月销售总额 ×100%

月销售环比 =（今年当月销售总额 - 今年上月销售总额）/今年上月销售总额 ×100%

表 3 - 1 为某店铺各销售指标的同比与环比数据。

表 3 - 1　某店铺各销售指标的同比与环比数据

指标	2018 年 5 月	2019 年 4 月	2019 年 5 月	2019 年 5 月与 2018 年 5 月（同比）	2019 年 5 月与 2019 年 4 月（环比）
坪效（元）	1441	2780	3226	124%	16%
小票数（单）	2183	3523	4131	89%	17%
客单价（元）	269	289	319	18%	10%
连带率（%）	1.34	1.37	1.71	28%	24%

③坪效与人效。店铺月坪效 = 当月销售额/店铺面积。店铺坪效反映了店铺每平方米的效益，是评估卖场实力的一个重要标准，该指标也可以帮助买手深入了解店铺的销售情况。我们在比较不同的店铺效益时，常常看店铺的坪效而不是销售额，如店铺一的营业面积为 100 平方米，月销售额为 20 万元，而店铺二的店铺面积为 60 平方米，月营业额为 18 万元。从销售额上看，似乎店铺一的业绩能力更强，如果从坪效分析，店铺一的月坪效为 2000 元/平方米，而店铺二的月坪效为 3000 元/平方米，实际上店铺二的卖场效率更高。

店铺日人效 = 当天销售额/当天上班的总人数（月人效和年人效同理），店铺的人效反映了门店员工的销售能力。如店铺某日的销售额为 20000 元，当天上班的店员为 5 人，则当日的人效 = 20000/5 = 4000 元。

④客单价及连带率。客单价，是指在某段时间内平均每个客人消费的金额。日客单价 = 日销售金额/日客单数（月客单价和年客单价同理

可算），客单价反映了一定时间内店铺顾客的购买水平。

连带率反映了顾客平均单次消费的产品件数，日连带率 = 日成交件数/日客单数（周、月、年连带率同理可算）。通过连带率，我们可以看出员工的推销能力和货品组合的合理性。

例：通过表 3－2 某女装品牌某月不同店铺的销售数据，我们可以计算出万达店的客单价为 355104/469 = 757，连带率为 822/469 = 1.75。同理可算出太阳城店的客单价为 457，连带率为 1.12；钻汇店的客单价为 740，连带率为 1.62。由此可以看出，太阳城店的客单价与连带率比其他两家店都低，造成这两个指标比较低的原因有很多，可能是销售人员的能力不强，也可能是店铺所处商圈的顾客消费能力有限，或者货品组合出现问题等。

表 3－2　某女装品牌某月不同店铺的销售数据

店铺	月销售数/件	月客单数/单	月销售额/元
万达店	822	469	355104
太阳城店	669	597	273120
钻汇店	920	568	420440

⑤折前销售额与折后销售额。

折前销售额，指按产品标签原价销售获得的收入，计算公式为：

$$折前销售额 = 产品标价 \times 销售件数$$

折后销售额，是指产品打折后销售的收入，计算公式为：

$$折后销售额 = 产品标价 \times 促销折扣 \times 销售件数$$

例：某款连衣裙标价 1000 元，原价销售了 20 件，后来搞促销活动打 8 折销售了 30 件。那么，折前销售额为 1000 × 20 = 20000 元，折后销售额为 1000 × 0.8 × 30 = 24000 元。

⑥销售件单价。销售件单价，是指产品的平均销售单价。件单价是

一项重要的销售指标，通过件单价可以了解销售货品的主要价格区域。件单价如果低于店铺平均单价，则反映店铺主销为低价格区间的货品；若高于店铺平均单价，则反映店铺主销为高价格区间的货品。计算公式为：

件单价 = 总销售额/总销售数量

⑦产销率。产销率 = 销售金额/（总库存金额 + 销售金额），产销率反映了目前货品的销售速度。

例：某店铺5月第一周的销售额为50000元，总库存金额为200000元，那么产销率则为50000/（50000+200000）=0.2。

⑧区贡献值。店铺陈列时按照不同的位置划分陈列区域，如一般陈列A区是店铺中位置最好、销售额最多的区域，一般要大于50%。计算公式为：

区贡献值 = 区销售金额/总销售金额×100%（一般以周为统计单位）

例：某店铺A区5月第一周的销售金额为27500元，店铺第一周的总销售额为50000元，那么区贡献值为27500/50000×100%=55%。

⑨VIP贡献率。VIP贡献率 = VIP销售金额/总销售金额×100%，VIP贡献率可以以周、月、季、年进行统计，VIP贡献率反映了店铺对VIP客户开发与维护的水平。

例：某品牌店某月VIP客户购买金额为50000元，店铺总销售额为200000元，则VIP贡献率为50000/200000×100%=25%。一般VIP的贡献率在60%以上才合理，显然这家店铺的VIP客户数太少，或者VIP客户的维护有待提升。

⑩售罄率。售罄率 = 销售件数/进货件数×100%（以周、月、季为统计单位），售罄率反映了产品销售的速度是否健康，也可以通过单品的售罄率判断单品是否畅销。

例：某店铺一季度共销售1800件服装，一共进货3000件产品，其中一款连衣裙销售200件，总共进货240件，则这家店铺这季度总售罄率为1800/3000×100%＝60%，其中这款连衣裙的售罄率为200/240×100%＝83%。

企业根据售罄率对店铺进行考核，衡量店铺销售的能力。某企业对店铺售罄率的评价标准如表3－3所示。

表3－3　某企业对店铺售罄率的评价标准

分级（General Rating）	月售罄率（Monthly sell－thru）/%	周售罄率（Weekly Sell－thru）/%
优秀（EXCELENT）	59.9～69.0	11.5～14.0
良好（GOOD）	49.8～59.8	9.6～11.4
一般（FAIR）	35.6～49.7	7.5～9.5
较差（POOR）	15.5～35.5	3.5～7.4

⑪毛利润率。毛利润率，是指产品的毛利占产品销售收入的百分比，毛利润率反映了店铺的盈亏情况。计算公式为：

毛利＝总销售－货品成本

毛利润率＝毛利/总销售×100%＝（总销售－产品成本）/总销售×100%

毛利润率又可以分为折前毛利润率和折后毛利润率，折前毛利润率是按照产品吊牌标价出售获取的利润率，折后毛利润率是产品打折后出售获取的利润率。

例：某款服装标价500元，采购金额为100元，8折出售，售出200件，则折前毛利润率为（500×200－100×200）/500×200×100%＝80%，折后毛利润率为（500×80%×200－100×200）/（500×80%×200）×100%＝75%

⑫期初库存、期末库存、平均库存。

期初库存，是指在一个库存会计期间开始时的存货数量或价值。

期末库存，是指一个库存会计期间结束时的存货数量或价值。

平均库存，是指一个会计期间内的平均存货情况，计算公式为：

平均库存 = （期初库存 + 期末库存）/2

当前的库存量只反映当前的库存信息，而对于库存产品资金占用结构、是否存在压货等情况，当前的库存量无法提供更有效的信息。而通过平均库存数据，可以分析出产品在某段时间内占用的库存资金量，同时根据出货量和订货周期，可以计算出库存周转率，以避免缺货和压货，通常在产品品种数量较多的情况下，平均库存量的意义更大。

例：某品牌一家门店在 9 月 30 日闭店时的库存件数为 1890 件，10 月份共来货 820 件，销售 670 件，11 月来货 750 件，销售 590 件。请计算这家店铺这两个月的平均库存。

解析：此店铺的期初库存为 1890 件，期末库存 = 期初库存 + 10 月份来货 + 11 月份来货 - 10 月销售数量 - 11 月销售数量 = 1890 + 820 + 750 - 670 - 590 = 2200 件，可以算出平均库存 = （期初库存 + 期末库存）/2 = 1890 + 2200/2 = 2045（件）。

⑬周转率。周转率，是某一段时间内库存货品被销售或被新品取代（补货）的次数，反映了库存周转的快慢。库存周转率越大，表明销售情况越好，周转率 = 销售额/平均库存值（以周、月、年为单位进行统计），对企业来说，库存的周转率越高，说明企业的管理状况越好。

例：某店铺全年销售额为 350 万元，年初的库存额是 85 万元，年末的库存额是 30 万元。请计算这家店铺这段时间的周转率。

解析：周转率 = 销售额/平均库存值，平均库存值 = （年初库存 + 年末库存）/2 = （85 + 30）/2 = 57.5（万元），周转率 = 350/57.5 ≈ 6.1（次），即这家门店的货品在一年中约周转 6.1 次。

⑭动销率。动销率是店铺中有销量的产品与所有产品的比率，动销

率反映了产品的销售情况。计算公式为：

动销率 = 产品累计销售数量/库存数量 × 100%（以周、月、季或者年为单位进行统计）

例：某店铺 3 月份共销售春装成衣 400 件，销售额 8 万元，零售标价 10 万元，库存还剩下 1000 件。

问题 1：该店铺 3 月份的春装动销率是多少？

问题 2：这家店铺的春装货品周转时间平均有多少周？

解析 1：动销率 = 产品累计销售数量/库存数量 × 100% = 截至 3 月份销售数量/库存数量 × 100% = 400/1000 × 100% = 40%。

解析 2：春装货品周转月数 = 库存数量/月销售数量 = 1000/400 = 2.5（月）

春装货品周转周数 = 库存数量/周平均销售数量 = 1000/（400/30 × 7）

= 10.7（周）

⑮倍率。为了保证盈利和良好的现金流，企业经过核算后会以产品成本作为基数，再乘以一定的倍率作为产品的零售价。公司在核算倍率时会考虑设计成本、管理成本、宣传成本、库存成本等因素。一般来说，服装品牌的倍率在 5 ~ 7 倍左右，品牌越高端，倍率通常越高，奢侈品品牌的倍率一般在 10 倍以上。企业在设计倍率时除了核算各项开支外，还要考虑品牌的定位及客户的接受能力，合理的价格定位既可以为企业带来可观的利润，又让消费者承受得起。计算公式为：

零售价 = 成本 × 倍率

例：某店铺 7 月份做活动，其活动力度为 1 件 9 折、2 件 8 折、3 件 7 折。公司价格策略平均倍率为 5 倍（倍率 = 零售价/成本）。

问题：该店铺毛利率最高为多少，最低为多少？

解析：假设零售价是 1 元，5 倍的倍率，则成本为 0.2 元。

1 件 9 折毛利率＝（销售额－成本）/销售额×100%

＝（1×0.9－0.2）/0.9×100%

＝78%

2 件 8 折毛利率＝（销售额－成本）/销售额×100%

＝（2×0.8－2×0.2）/（2×0.8）×100%

＝75%

3 件 7 折毛利率＝（销售额－成本）/销售额×100%

＝（3×0.7－3×0.2）/（3×0.7）×100%

＝71%

根据计算结果，店铺的最高毛利率为 1 件 9 折的毛利率 78%，3 件 7 折的毛利率最低，为 71%。

例：某公司计划 10 月份开展促销活动，活动的形式为满 500 送×元，且公司规定 10 月份各家店铺毛利润率不得低于 70%，产品的定价倍率为 5 倍。那么×应为多少？

解析：毛利润率＝（销售额－成本）/销售额，可以推算出销售额＝成本/（1－毛利润率），则销售额≈500/5/（1－0.7）≈333.3，那么×＝500－333.3≈166.7（元）。

某店铺进行“1 元抵 1.5 元”的活动，其中，购物满 1000 元以上还赠价值 100 元的腰带 1 条，产品定价倍率为 6 倍，腰带成本为 30 元，表 3－4 为店铺日销售记录。请计算店铺当日的毛利润率。

表 3－4　店铺日销售数据

销售目标	单号	销售货号	颜色	码数	标价成交额/元	实际成交额/元	备注	开单人
5000	195543	W19SK809 W19DR230 W19CA339	红 白 黑	M F M	459 569 778	1210	赠腰带 1 条	LULU
	195544	S20PA112	黑	L	488	327		MIN

续表

销售目标	单号	销售货号	颜色	码数	标价成交额/元	实际成交额/元	备注	开单人
5000	195545	W19ST300 S20CA020	黑 卡其	M M	498 796	869		MIN
	195546	W19TP2391 W19DR779	白 红	S F	689 869	1044	赠腰带1条	FANG
	195547	S20DR078	黑	M	1078	722		MIN
	195548	S20TP106 W19PA675	绿 黑	M M	407 536	632		FANG
	195549	W19CA736 W19DR545	白 橘	S S	899 765	1115	赠腰带1条	MIN
合计					8804	5919	赠腰带3条	

解析：店铺的“1 元抵 1.5 元”折扣率为 1/1.5 = 0.67，实际销售额为 5919 元，成本分为两部分：一部分为货品成本，另一部分为赠品成本。货品成本为：标价成交额/倍率 = 8804/6 = 1467 元，赠品成本为三条腰带的成本 30 × 3 = 90 元。那么毛利润率为：实际销售额 − 成本/实际销售额 × 100% = （5919 − 1467 − 90）/5919 = 73.69%。

二、如何做采购预算

①买手采购时，需要有足够的资金，有经验的买手得到采购资金后并不会一次性全部买入货品，而是按照采购预算合理分配资金，买手一般按照以下流程来制订合理的采购预算。

企业财务部门会根据品牌发展计划，并结合上一季销售情况与新一季销售预期给出采购预算，销售预期包括品牌新一季的发展，如计划扩张多少家店铺、销售额增加多少等。财务部门给出货品预算后，会根据店铺的销售业绩分配给各个店铺。

例：某品牌上一年的销售金额为2500万元，定价倍率为5倍，售罄率为80%，折扣率为25%。新一年的期望销售金额为4000万元，定价倍率不变，预期售罄率为85%，折扣率仍为25%，并且新一年春夏与秋冬的货品金额按照4∶6的比例分配。请计算上一年的采购成本及新一年春夏、秋冬货品的采购成本各为多少？

解析：根据采购成本 = 销售金额/售罄率/（1 - 折扣率）×（1/倍率），可以计算出上一年的采购成本为2500/80%/（1 - 25%）×（1/5）= 833（万元）。

同理，我们也可以算出新一年的总采购成本为4000/85%/（1 - 25%）×（1/5）= 1254.9（万元）。

春夏货品的金额与秋冬货品金额为4∶6，所以春夏货品的金额占全年货品采购金额的40%，即1254.9 × 0.4 = 502（万元）；秋冬货品占全年货品金额的60%，即1254.9 × 0.6 = 753（万元）。

②买手拿到总的采购预算后，还会进一步对各个店铺的销售情况进行分析，评估各个店铺的客源及销售状况，分析内容包括店铺折前的销售业绩、折后的销售业绩、店铺的售罄率等。通过比较各个店铺的业绩，可以分析出店铺的客源质量、主力销售货品等情况，买手可以根据这些分析结果调整制订各个店铺的订货预算。如某品牌的定价倍率为5倍，折扣率为20%，四家店铺销售比较分析如表3-5所示。

表3-5　××品牌2016年店铺销售分析

店铺	折前销售额/元	折前占比/%	折后销售额/元	折后占比/%	总销售额/元	售罄率/%	采购成本/元
嘉州店	2326767	51	1596801	30	3923568	81	1210978

续表

店铺	折前销售额/元	折前占比/%	折后销售额/元	折后占比/%	总销售额/元	售罄率/%	采购成本/元
万达店	1516406	46	1417510	43	2933916	89	824134
顺联店	747892	29	1186312	46	1934204	75	644735
新都汇店	1050637	53	773111	39	1823748	92	495584

从表3-5可以看出，嘉州店的销售额最高，售罄率也不错，达到81%，而且折前的销售额高于折后的销售额，是个赚钱能力不错的店铺。万达店的售罄率也不错，达到89%，而且折前销售额与折后销售额接近，反映出万达店的客户质量及客流量都不错，是个非常有潜力的店铺。从顺联店的销售数据来看，其售罄率是四个店铺中最低的，售罄率一般，并且折前的销售额远低于折后的销售额，说明顺联店的大部分销售额来自折后销售，由此可知顺联店的客户质量并不佳，喜欢买打折产品。新都汇店的总销售额虽然最低，但是售罄率是四个店铺中最高的，并且折前销售额明显高于折后销售额，说明新都汇店的客户质量也很不错，这也说明新都汇店的利润也是相当不错的，是相当有潜力的店铺。

通过以上的分析可知，新都汇店铺的销售额虽然低，但是客户质量好，售罄率高，说明销售还有很大的提升空间，做下一季的销售预期时，可以重点提高新都汇店的销售额预期，并且可以多分配一些高价值的货品，因为新都汇店的顾客的消费能力不错，喜欢购买折前货品。顺联店的售罄率不高，客户质量也不高，喜欢买折后的货品，那下一季时可以在保持原订货金额的基础上，订一些价格较低的货品，降低货品的平均单价，从而提高折前销售额和售罄率。嘉州店的总销售额最多，折前销售也不错，下一季可以订一些高价值的货品，并且可以略微提高嘉州店销售额及售罄率的预期。万达店的售罄率较高，可以略微提高总的销售额预期及折前销售预期，提升利润率。这样我们就可以大概制订出四个店铺下一季的预期销售数据。如表 3－6 所示。

表 3－6　××品牌新一季销售预期及采购成本

店铺	折前占比/%	折后占比/%	总销售额/元	售罄率/%	采购成本/元
嘉州店	52	31	4250000	83	1280120
万达店	46	43	3000000	89	842697
顺联店	40	38	2000000	78	641026
新都汇店	53	39	2050000	92	557065

从表 3－6 可以看出，新一季四个店铺预期的总销售额都有不同程度的增加，新都汇店增加的最多，同时还希望顺联店的售罄率和折前售罄率都能够提高，嘉州店在略微提高售罄率的基础上也稍稍提高了折前销售占比，企业还是希望折前的销售额可以提升，能够赚取最大的利润。有了预期销售额及预期售罄率，品牌的定价倍率不变，根据采购成本＝销售额/售罄率/（1－折扣率）×（1/定价倍率）的公式，便可以计算出新一季的采购成本。

③制定 OTB 时，买手还需要对整盘货的产品进行分析，包括对系列和类别的分析，如整盘货包含多少个系列、每个系列的预算是多少，再细分到各个品类，制订各个品类的买货预算。

④在完成品牌整盘货的产品分析、得到整体系列与品类的买货预算后，买手还需要进一步对各个店铺的系列产品进行分析，因为店铺所在的地域不同，畅销的系列产品与品类也会有差异，订货时也需要针对性的采购。买手通过对各个店铺的产品分析，对每个店铺的货品系列进行 OTB 规划调整，这样便可以得到店铺精确的订货数据，例如每个店铺订货的系列数、系列订货的宽度及深度等。在对各店铺货品分析时，我

们主要分析货品的销售情况，重点对销售的件数进行分析，这与前面制订买货预算时对店铺的销售额分析是有区别的。如表3－7、表3－8所示。

表3－7 店铺折前销售数据

店铺	采购		销售		售罄率	
	数量/件	成本金额/元	数量/件	成本金额/元	件数售罄率/%	成本金额售罄率/%
嘉州店	4258	1210978	2129	617599	50	51
万达店	2935	824134	1291	395584	44	48
顺联店	2189	644735	769	186973	35	29

表3－8 店铺整季销售数据

整季销售	采购		销售		售罄率	
店铺	件数	成本金额（元）	件数	成本金额（元）	件数	成本金额
嘉州店	4258	1210978	3241	980895	76	81
万达店	2935	824134	2672	733481	84	89
顺联店	2189	644735	1775	483553	81	75

分析：从表3－7、表3－8可以看出，折前三家店铺件数售罄率和金额售罄率都不高，都没有超过60%，说明三家店铺都需要提高折前销售量。嘉州店的折前售罄率是三家店铺中最高的，并且折前件数售罄率和成本金额售罄率基本一致，虽然折前售罄率只有51%，但整季的售罄率还不错，达81%，并且整季件数的售罄率小于成本金额的售罄率，说明嘉州店在打折后卖掉了不少价值高的货品，可以看出嘉州店的客户质量是不错的，有很强的消费能力。万达店的整季成本金额售罄率是最高的，折前成本金额售罄率一般，说明店铺是有销售潜力的，但是需要提高折前的售罄率来增加店铺的利润值。顺联店折前的

成本金额售罄率不高，但是整季的成本金额售罄率达到75%，可以反映出顺联店在折后销售占比比较高，并且折前与整季的件数售罄率高于成本金额售罄率，说明销售货品的价值比较低，由此可见顺联店的客户质量不佳，不愿意消费价值高的货品，这与我们之前的店铺销售额分析吻合。

根据以上分析，我们可以看出嘉州店与万达店的销售潜力与客户质量都不错，所以在调整店铺订货预算时，可以增加嘉州店与万达店的订货预算，并且可以订一些价值高的产品。而对顺联店来说，虽然客户质量不好，成本金额售罄率不高，但整季的件数售罄率是高于成本金额售罄率的，并且整季的件数售罄率达81%，说明顺联店的库存并不多，做订货预算时不能减少顺联店的订货数量，但可以适当地降低订货平均价，降低平均价等于增加了订货量，这样既符合顺联店客户对低价值产品的喜好，又保证有充足的库存数量。买手通过以上分析，结合店铺销售能力、店铺潜力等情况，对初步制订的采购预算进行检验及调整，从而得到比较精确的采购预算。

三、制订产品采购计划

完成采购预算后，买手会根据各个品类的销售情况及销售预期将预算细分，把预算分配到各个系列和品类里。在将预算分配给系列和品类货品前，买手需要从多方面对货品进行分析，才能准确地将每家店铺的预算分配到各个系列和品类的货品中。

从系列角度分析，如表3－9所示。

表 3－9　×品牌上一季系列销售分析

乐风店/系列	休闲系列		商务系列	度假系列	总计
订货	数量/件	925	834	736	2495
	占比/%	37	33	29	
	金额/元	183152	221015	125861	530028
	占比/%	35	42	23	
	平均价/元	198	265	171	
销售	数量/件	626	215	508	1349
	占比/%	46	16	38	
	金额/元	142109	52679	98044	292832
	占比/%	49	18	33	
	平均价/元	227	245	193	
备注：此处的金额为订货价格。					

从表 3－9 可以看出，商务系列的订货金额占比最高，达到 42%；但是销售金额却最少，只占 18%，销售金额比订货金额减少 24%，订货平均价也是三个系列中最高的，并且销售平均价低于订货平均价。休闲系列的订货金额只有 35%，但是销售金额是三个系列中最多的，占总销售金额的 49%，销售金额比订货金额增加 14%，并且销售平均价高于订货平均价。度假系列的订货金额是三个系列中最少的，只占总金额的 23%，销售金额占总销售额的 33%，销售金额比订货金额增加 10%，并且订货销售平均价高于订货平均价。从以上分析可以看出，乐风店的顾客倾向于购买休闲和度假系列，商务系列在这家店并不畅销，订货多但是销售很少。休闲系列和度假系列的销售平均价都高于采购平均价，反映出这家店的客人购买能力不错，可以接受价值高的产品。根据这些分析，买手在制订新一季采购计划时，对该店铺的订货计划进行了调整。如表 3－10 所示。

从表 3－10 可以看出，买手根据上一季的分析，在制订新一季订货计划时增加了休闲系列和度假系列的订货预算，也提高了休闲系列及度假系列的平均订货价，同时降低了商务系列的订货预算及平均订货价。

品牌公司的买手在做系列采购预算分配时，除了要考虑上一季的销售情况，还要考虑品牌的形象及店铺的陈列效果。例如不能因为某一个系列卖得好，订货时就完全倾向某一个系列，要保证系列与品牌风格间的平衡，避免因为订货结构的变化而破坏品牌的整体风格。

表 3－10　×品牌新一季系列订货计划

乐风店/系列	休闲系列		商务系列	度假系列	总计
订货	数量/件	1225	575	1025	2825
	占比/%	44	20	36	
	金额/元	257250	135125	185525	577900
	占比/%	45	23	32	
	平均价/元	210	235	181	
备注：此处金额为订货价格。					

买手完成系列采购计划后，还需要将采购金额分配到各个服装品类中，做这项工作之前，同样需要对上一季的品类销售数据进行分析。如表 3－11 所示。

从表 3－11 可以看出，这家店铺的衬衫、上衣、连衣裙品类订货金额占比较大，分别占到 16.4%、10.1% 和 19.1%，其中衬衫的销售金额占比为 21.4%，比订货金额占比高 5.0%；上衣的销售占比为 6.1%，比订货金额占比减少 4.0%，并且上衣的售罄率只有 42.5%，可见上一季上衣的销售并不好，连衣裙的销售金额占比为 24.7%，比订货金额占比高 5.6%，连衣裙和衬衫的售罄率都达到 90.0% 以上，说明这两个品类非常畅销。通过表 3－11 还可以看出，T 恤、夹克、风衣、长裤的订货金额都占到 5.0% 以上，其中 T 恤、风衣、长裤的销售金额都高于订货金额，售罄率也都不错，说明这些品类虽然订货量不是最多，但是销量都很不错，新一季订货可以适当增加订单。半身裙的订货金额虽然占到 5.0% 以上，但是销售金额低于订货金额，并且售罄率只有 30.3%，

表 3-11　×品牌某家店铺上一季品类销售表

品类	订货					销售					金额
	数量/件	占比/%	金额/元	占比/%	平均价/元	数量/件	占比/%	金额/元	占比/%	平均价/元	售罄率/%
衬衫	298	15	63474	16.4	213	265	20	58567	21.4	221	92.3
上衣	223	11	39025	10.1	175	97	7.3	16585	6.1	170	42.5
T恤	209	11	22781	5.9	109	152	11.5	16872	6.2	111	74.1
吊带	108	5	7668	2	71	29	2.2	2121	0.8	73	27.7
夹克	98	5	24490	6.3	255	65	4.9	16968	6.2	261	69.3
风衣	109	5	29866	7.7	274	87	6.6	24103	8.8	277	80.7
卫衣	68	3	13804	3.6	203	46	3.5	9104	3.3	197	66
针织衫	56	3	10360	2.7	185	49	3.7	9069	3.3	185	87.5
防晒衫	45	2	8910	2.3	198	33	2.5	6237	2.3	189	70
连衣裙	275	14	73700	19.1	268	246	18.6	67658	24.7	275	91.8
连体裤	52	3	14144	3.7	272	13	1	3497	1.3	269	24.7
半身裙	187	9	33473	8.7	179	54	4.1	10156	3.7	188	30.3
长裤	125	6	22125	5.7	177	96	7.2	16992	6.2	177	76.8
七分裤	77	4	13706	3.5	178	54	4.1	9774	3.6	181	71.3
短裤	56	3	8792	2.3	157	39	2.9	6129	2.2	157	69.7
总计	1986		386318			1325		273832			70.9

备注：此处金额为订货价格。

可以看出半身裙在这家店铺不是很受欢迎；卫衣、针织衫、防晒衫、七分裤这些品类虽然订货金额占比小于5.0%，但销售金额都略高于订货金额，并且售罄率也不错，说明这些品类的销量稳定，新一季如果加大订单量，销售额还有提升的空间。吊带、连体裤的订货量不多，但销售金额远小于订货金额，并且售罄率也不高，可以看出这两个品类在此店铺销量不佳，那么新一季可以酌情降低这两个品类的预算。

通过以上分析，买手可以将新一季的预算分配到各个品类中，如新一季财务给的订货预算为463000元，那么根据上面的分析结果，衬衫、风衣、连衣裙、长裤是很畅销的，可以先提高这几个品类的订货预算，将衬衫的订货金额占比由原来的16.4%提高到20.0%，风衣的订货金额占比由上一季的7.7%提高到9%，连衣裙的订货金额由19.1%提高到22%，长裤的订货金额由5.7%提高到7%。上衣、连体裤、半身裙和吊带的售罄率过低，因此将上衣的订货金额由上一季的10.1%降为5.5%，吊带的订货金额由2%降为1%，连体裤由3.7%降为1%，半身裙的订货金额由8.7%降为4%。通过表3－11可以看出风衣和针织衫的售罄率很高，但是上一季的订货金额不高，因此新一季将风衣的订货金额占比提高到9%，针织衫的订货金额占比提高到5%，T恤、夹克、防晒衫的售罄率都在70%左右，还有提升的空间，因此将这些品类的订货金额率提升为6.5%、6.5%和3%；卫衣的售罄率一般，并且销售平均价低于订货平均价，因此维持卫衣的订货金额占比为3.5%。完成订货金额分配后，根据财务给出的预算就可以计算出各个品类的订货金额。如以衬衫品类为例，新一季的金额占比为19%，那么衬衫的订货金额为总的订货金额×品类金额占比＝463000×20%＝92600（元）。接下来可以根据上一季衬衫的平均价及销售状况预估新一季衬衫的平均价格，如上一季衬衫的订货平均价为213元，销售平均价为221元，说明此店铺的客人倾向于购买高价值的衬衫品类，结合通胀因素，可以将今年衬衫的订货平均价定为 218 元，得到订货金额和订货平均价后，就可以计算出订货的件数为衬衫订货金额/衬衫平均价 = 92600/218 = 425（件）。再如上衣的订货金额占比由上一季的 10.1% 降为 5.5%，那么可以计算出上衣品类新一季的订货金额为 463000 × 5.5% = 25465（元），上衣的销售平均价 170 元小于订货平均价 175 元，新一季本应减少上衣的订货平均价，但考虑到通胀因素，新一季的上衣的订货平均价仍维持 175 元，这样就可以计算出上衣的订货件数为 25465/175 = 145（件）。以此类推，可以分别计算出每个品类的订货件数及占比，得到表 3－12 新一季的订货计划。

表 3－12　店铺新一季品类订货计划

品类	订货				
	数量/件	占比/%	金额/元	占比/%	平均价/元
衬衫	425	19	92600	20	218
上衣	145	6	25465	5.5	175
T 恤	271	12	30095	6.5	111
吊带	65	3	4630	1	71
夹克	116	5	30095	6.5	259
风衣	149	7	41670	9	279
卫衣	81	4	16205	3.5	200
针织衫	123	5	23150	5	188
防晒衫	70	3	13890	3	198
连衣裙	370	16	101860	22	275
连体裤	17	1	4630	1	272
半身裙	100	4	18520	4	185
长裤	180	8	32410	7	180
七分裤	89	4	16205	3.5	181
短裤	72	3	11575	2.5	160
总计	2273		463000		
备注：此处金额为订货价格。					

从表 3－12 可以看出，买手可以将采购预算有计划地分配到各个品类中。制订采购计划时，除了分析以往品类的销售情况，买手还需要考虑受流行趋势的影响。例如上一季某个品类销售情况一般，但是根据流行趋势预测，这个品类在新一季将会流行，那么买手也可以适当加大此品类的订单量。做好采购计划，买手对新一季需要采购的货品数量及采购金额有了清晰的了解，才能够在订货时按需按量地采买。

四、销售数据分析

1. 售罄率预估

售罄率是买手在销售中最关注的数据，尤其是折前售罄率；货品折前售罄率越高，利润就越大。根据上一季售罄率情况，买手通常会在上货前对新一季货品进行售罄率预估，同时运营和销售部门也会根据售罄率预估情况制订相应的销售和推广计划，确保可以达到预估的售罄率。如表 3－13 所示。

表 3－13　×品牌售罄率预估（折前）

订货	季节	本季	上一季	差异/%
	金额/元	22026948	18355790	20
截至 8 月底前售罄率预估	销售金额/元	3524311	2753368	27.9
	售罄率/%	16	15	1
截至 9 月底前售罄率预估	销售金额/元	7268893	5873853	23.7
	售罄率/%	33	31	2

续表

订货	季节	本季	上一季	差异/%
	金额/元	22026948	18355790	20
截至10月底前售罄率预估	销售金额/元	10793204	8810779	22.5
	售罄率/%	49	45	4
截至11月底前售罄率预估	销售金额/元	14097246	11197032	25.9
	售罄率/%	64	61	3

在上一季订货总额基础上，本季订货总金额增长了20%，那么本季的售罄率也应该相应地提高，提高折前售罄率不仅能够降低货品库存，还能带来更多的利润。进行售罄率预估时，可以从后面的月份开始进行预估，我们看到上一季截至11月底前的售罄率是61%，那可以将本季截至11月底前的售罄率增加3%，即64%。秋季货品销售时，8月不属于旺季，那么我们可以将截至8月底的售罄率提高1%，即16%；9月份销售通常比八月份好，可以将截至9月之前的售罄率提高2%，即33%；10月份有节假日，所以是销售高峰期，我们可以将售罄率提高4%，即49%，这样就可以得到本季截至8月、9月、10月、11月底前售罄率分别为16%、33%、49%和64%。接下来，根据售罄率，便可以计算出截止相应月份预计销售的金额。

售罄率预估可以说是对产品销售的一个风险控制，在完成售罄率预估后，接下来每个月可以将实际销售额及售罄率与预估的售罄率进行比较。如果未达到预估售罄率，可以在未来月份进行销售调整或者促销活动，增加折前售罄率。

2. 售罄率分析

售罄率可以从产品款式、不同店铺、不同系列、不同类别等维度进行分析。

单款售罄率体现了产品的畅滞销度，畅销品是不需要促销的，一般是选择滞销的产品进行促销。服装的生命周期为 3 个月，在这 3 个月的生命周期内，如果不是因为天气、季节等一些不可抗力因素，单款售罄率低于 60%，则可以判断此款产品在销售或设计上存在一定的问题。在生命周期初期，产品一般是齐色齐码，因此售罄率也最高，为40% ~ 50%；在生命周期末期，售罄率最低为 5% ~10%；如果产品上市第一个月售罄率低于 40%，且无气候等原因，这时就应该重点关注此产品，可以做一些推广活动。图3－1 是一款牛仔裤在不同销售周内的售罄率分析，从数据可以看出此款牛仔裤在上市一个月内达到61%的售罄率，在上市9周时达到90%的售罄率，显然这款牛仔裤非常畅销，接下来可以继续深入分析此款牛仔裤畅销的原因，为买手下次订货提供参考。

款式编号	周	28W	29W	30W	31W	32W	33W	34W	35W	36W	37W	38W	39W	40W	41W	42W	43W	44W
23X072U35	销售	7	96	111	88	69	91	36	31	21	17	2	6	10	5	5	2	1
牛仔裤·	库存	603	507	396	308	239	148	112	81	60	43	41	35	25	20	15	13	12
入库	累计销售	7	103	214	302	371	462	498	529	550	567	569	575	585	590	595	597	598
	售罄率/%	1	17	35	50	61	76	82	87	90	93	93	94	96	97	98	98	98

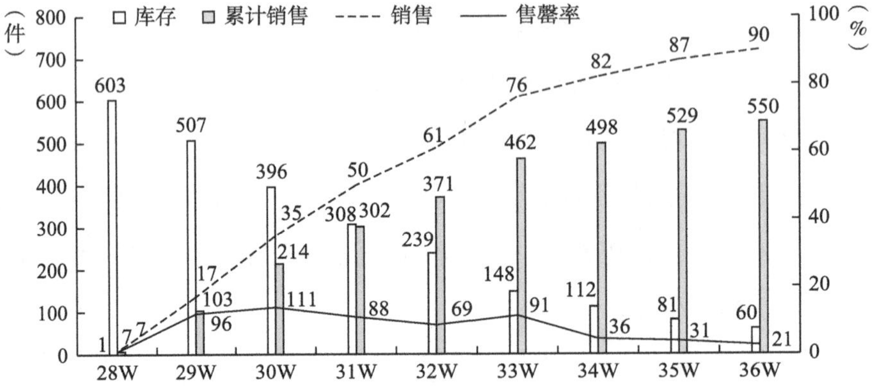

图 3－1　单品销售分析

（1）各店铺售罄率分析

买手在货品管理过程中，需要定期对各个店铺的销售情况与上一季同比销售情况进行分析，分析内容主要针对件数及金额售罄率，通过对售罄率的比较分析，便于发现销售中的问题及货品问题，及时做出调整。如表 3－14、表 3－15 所示。

表 3－14　×品牌今年 11 月店铺售罄率分析

店铺	订货		销售		售罄率	
	数量/件	金额/元	数量/件	金额/元	件数售罄率/%	金额售罄率/%
万达店	1231	757065	658	352925	53. 45	46. 62
嘉州店	2385	1395225	835	492990	35. 01	35. 33
顺联店	1329	764175	504	299900	37. 92	39. 24
总计	4945	2916465	1997	1145815	40. 38	39. 29

表 3－15　×品牌去年 11 月店铺销售数据

店铺	上季	订货		销售		售罄率
	数量/件	金额/元	数量/件	金额/元	件数售罄率/%	金额售罄率/%
万达店	1253	770550	546	340990	43. 58	44. 25
嘉州店	1855	1047075	785	469510	42. 32	44. 84
顺联店	996	618610	338	213975	33. 94	34. 59
总计	4104	2436235	1669	1024475	40. 67	42. 05

通过以上数据，我们可以计算出两季差额，如表 3－16 所示。

表 3－16　×品牌两季销售比较

单位:%

店铺	两季销售比较（金额）		
	订货	销售	售罄率
万达店	－1. 75	3. 5	2. 37
嘉州店	33. 25	5	－9. 51
顺联店	23. 53	40. 16	4. 65

通过以上数据，我们分析出以下几点：

①万达店的订货金额同比减少了1.75%，但是销售金额同比增加了3.5%，售罄率也增加了2.37%，并且件数售罄率和金额售罄率都是三家店铺中最高的。

②嘉州店的订货金额比去年同期增加了33.25%，是三家店铺中订货金额增加最多的，可以看出买手对店铺的期望很高，但是实际销售金额仅仅比去年增加了5%，而售罄率却比去年同期降低了9.51%，显然店铺销售出了问题。

③顺联店的订货金额增长了23.53%，销售金额增长了40.16%，售罄率增长了4.65%。

通过三家店铺的比较，可以看出，嘉州店的销售出现了问题，嘉州店的订货金额远高于其他两家店铺，并且比去年同期的订货金额提高33.25%，说明该店铺应为品牌的主力店铺，销售却不理想，那这家店铺应是买手这段时间重点关注的店铺，接下来的任务就是着重分析该店铺的货品，将店铺的货品与去年同期做分析比较，看看是哪些产品类别出现了问题，导致店铺售罄率降低。

（2）品类售罄率分析

我们对店铺货品售罄率分析时，通常将货品按照不同类别归类，如外套、上衣、下装、连衣裙、连体裤等，这样分析时数据更加清晰。表3－17至表3－19是某店铺11月份品类销售分析，由于服装产品种类繁多，此处每个品类选取两种进行分析。

表3－17　今年11月店铺品类销售数据

品类	订货		销售		金额售罄率/%
	数量/件	金额/元	数量/件	金额/元	
羽绒服	408	338640	65	53950	15.9

续表

品类	订货		销售		金额售罄率/%
	数量/件	金额/元	数量/件	金额/元	
大衣	345	245295	58	41238	16.8
BIG（大件）	753	583935	123	95188	16.3
衬衫	255	53856	52	11687	21.7
卫衣	238	62864	61	16165	25.7
TOP（上衣）	493	116720	113	27852	23.9
半身裙	237	48747	53	10950	22.5
裤子	308	78232	85	21586	27.6
BOTTOM（下装）	545	126979	138	32536	25.6
连衣裙	275	112479	39	15951	14.2
连体裤	82	32718	15	6017	18.4
ONE PIECE（一片式）	357	145197	54	21968	15.1
总计	2148	972831	428	177544	18.3

表 3－18　去年 11 月店铺品类销售数据

品类	订货		销售		金额售罄率/%
	数量/件	金额/元	数量/件	金额/元	
羽绒服	307	251743	63	51669	20.5
大衣	249	181776	60	43825	24.1
BIG	556	433519	123	95494	22
衬衫	205	43296	41	8651	19.9
卫衣	197	49250	52	12112	24.6
TOP	402	92546	93	20763	22.4
半身裙	202	42420	45	9135	21.5
裤子	278	72558	71	18023	24.8
BOTTOM	480	114978	116	27158	23.6
连衣裙	233	94365	40	16087	17
连体裤	58	22504	14	5474	24.3
ONE PIECE	291	116869	54	21561	18.4
总计	1729	757912	386	164976	21.8

表 3－19 两季品类销售对比

单位:%

品类	订货增长		销售增长	售罄率增长
	件数	金额	金额	
羽绒服	32.9	34.5	4.4	－4.6
大衣	38.5	34.9	－5.9	－7.3
BIG	35.4	34.7	－0.3	－5.7
衬衫	24.4	24.3	35.1	1.8
卫衣	20.8	27.6	33.5	1.1
TOP	22.6	26.1	34.1	1.5
半身裙	17.3	14.9	19.9	1
裤子	10.8	7.8	19.8	2.8
BOTTOM	13.5	10.4	19.8	2
连衣裙	18	19.1	－0.8	－2.8
连体裤	41.4	45.4	9.9	－5.9
ONE PIECE	22.7	24.2	1.9	－3.3
总计	24.2	28.4	7.6	－3.5

由表 3－17 至表 3－19 我们可以分析出以下几点：

①总订货件数比上一季同期增长 24.2%，总订货金额比上一季增长 28.4%，总销售金额比上一季增长 7.6%，总销售金额增长幅度远低于订货金额和订货数量增长幅度，并且总售罄率比上一季同期降低 3.5%，可以看出此店铺的销量不理想。

②在上装品类中，衬衫与卫衣的销售金额增长幅度都高于订货金额及订货数量的增长幅度，且售罄率也比去年同期增加，因此上装品类的销售数据比较健康，上装销量理想。

③由下装数据可以看出，下装品类中的半身裙和裤子的销售金额同期增长幅度都比订货数量及订货金额的同期增长幅度高，且售罄率也同比提高，可见下装销量也比较理想。

④从两季对比图表中，可以看出本季大件订货数量和金额比去年同期提高了三分之一，但是大件销售金额及售罄率同比降低，其中羽绒服的销售金额同比增长幅度远小于订货数量及订货金额的同比增长幅度，且售罄率低于去年同期；大衣的订货金额及订货数量同比增长三分之一但销售金额及售罄率低于去年同期，可以看出此店铺的大衣及羽绒服品类销售出现了很大问题。从订货金额及订货数量图表中可以看出，羽绒服和大衣的订货金额远高于其他品类，大衣和羽绒服的销售对店铺的整体销售影响最大，因此大件品类销量差是店铺整体销量不理想最主要的原因。

⑤从连体装品类的销售对比数据可以看出，连衣裙的订货数量及订货金额比上一季增加，但是销售金额及售罄率同比降低；连体裤销售金额增长幅度远低于订货金额及订货数量的增长幅度且售罄率同比降低。由此可见，此品类的销售数据不健康，连衣裙及连体裤的销售也出现了问题。

从以上数据分析出大件及连体装的销量不理想，导致店铺整体业绩下滑，发现这些问题后就要对此情况进行分析，看看是什么原因导致大件及连体装滞销。调查后发现是因为去年冬天气温较往年低，因此羽绒服和大衣销量很好，买手根据去年的销售数据加大了本季羽绒服及大衣的订货量。本季天气是否会像去年一样寒冷暂且未知，但大件订货量已经大大增加，而且羽绒服和大衣这些品类只能在 11 月份以后的几个月中销售，如果在未来几个月中，不能提高大衣及羽绒服的销量就会造成大件品类货品库存积压，会对店铺的现金流及销售额造成严重影响。分析出这些问题后，买手需要与运营及销售部门重点关注大衣及连体装这些品类，制订合理的激励计划及行动方案，提高这些品类的销量，从而保证店铺整体销售业绩可以达到预期目标。按照以上方法，同样可以将货品按照系列、颜色、尺寸等进行售罄率分析，便可以从多维度得到畅滞销品的信息，货品分析的目的是为了能够尽早发现销售中的问题，及时调整销售计划，降低货品滞销的风险，因此良好货品分析能力也是时装买手需要具备的能力之一。

五、库存数据管理

库存是仓库中未销售货品的统称，货品的库存与售罄率有直接关系，库存过大会导致货品积压、资金周转不良。货品在正价销售期间，买手需要关注件数及金额售罄率，如果售罄率按照预估的售罄率逐步增长，说明库存状况比较健康；当货品进入打折期，买手则需要着重关注货品的库存情况，时时监控货品的库存；通过对库存数据的分析，灵活调整打折策略，保证货品库存的健康。

买手在进行库存数据分析时，需要从不同角度进行以下分析：

①合理分析库存结构，通过全面盘存，分析服装的库存结构，分门别类，逐项进行。第一，分析服装品种的款式、规格等适销程度；第二，分析这些品种的库存，是上升还是下降，哪种情况最合理；第三，分析这些产品在畅销、平销及滞销上的比例构成。库存总量是多还是少，与正常经营要求是否相适应，从中找出问题、分析问题，制定相应措施，不断优化库存结构，使库存服装的数量趋于合理。

②分析异地在途产品的结构。这些在制品虽然还没有入库，但它已经是潜在的库存了。服装在制品库存和服装成品库存加在一起的数量构成了服装店近期对市场的可供应量。通过分析在途产品的结构，保障合理运输，可大大节省费用，提高经济效益。

③分析不同地域的库存，不同地区的滞销货品也有一定差别。通过

对不同地区货品库存的分析比较，有利于各区域店铺货品之间相互调配，如可以将产品从同款销售不好的店铺向销售好的店铺调拨，促进货品的最大化销售。如表 3－20 所示。

从表 3－20 可以看出，截至 4 月 30 日，上衣的件数售罄率只有 28%，吊带、连体裤、半身裙的件数售罄率为 11%、17% 和 14%，这些品类的售罄率都比较低，接下来需要针对这些品类做重点推广。夹克、风衣、卫衣的件数售罄率分别为 63%、62% 和 44%，但是考虑到 5 月份以后已经不是卖风衣、夹克、卫衣的季节，因此需要针对这些品类制订促销计划，降低这些品类的库存。防晒衫及短裤的件数售罄率虽然只有 47% 和 34%，但是考虑到接下来几个月是这两种品类的热销季，因此，这些品类可以不用促销，保持正常销售即可。衬衫、T 恤、针织衫、连衣裙、长裤、七分裤这些品类的售罄率还不错，并且这些品类在未来几个月仍然适合销售，因此这些品类也可以保持正常销售。通过对库存的分析，可以根据品类库存量的多少制订不同的打折策略，例如根据目前的库存状况可以将风衣、夹克、卫衣做半价促销，针对吊带和半身裙做 7 折促销。如果到季末每个品类的库存剩余都比较平均，这时候则可推出全场打折策略，打折计划需要分层级和随着库存量进行调整，尽量做到销售利润最大化，避免一刀切的打折方式。如表 3－21 所示。

从表 3－21 可以看出不同店铺各个品类的销售情况，通过对各店铺相同品类的销售情况进行比较分析，可以得出以下几点：

①上衣品类在店铺 A 的售罄率较低，但是在店铺 B 的售罄率相对较高，店铺 A 的上衣库存远高于其他两家店铺，因此适当地将店铺 A 的上衣品类向店铺 B 调拨。同样，吊带在店铺 A 的件数售罄率只有 17%，在店铺 B 的售罄率较高，所以可以将店铺 A 的吊带库存向店铺 B 调拨一些。

表 3－20　某店铺截至 4 月 30 日品类库存数据

品类	订货				销售				售罄率		库存
	数量/件	占比/%	金额/元	占比/%	数量/件	占比/%	金额/元	占比/%	件数售罄率/%	金额售罄率/%	数量/件
衬衫	298	15	63474	16.4	187	19.5	40623	19	63	64	111
上衣	223	11	39025	10.1	63	6.6	11590	5.7	28	29.7	160
T恤	209	11	22781	5.9	118	12.3	12871	6.3	56	56.5	91
吊带	108	5	7668	2	12	1.3	767	0.4	11	10	97
夹克	98	5	24490	6.3	62	6.5	15674	7.7	63	64	36
风衣	109	5	29866	7.7	68	7.1	19473	9.6	62	65.2	41
卫衣	68	3	13804	3.6	30	3.1	6488	3.2	44	47	38
针织衫	56	3	10360	2.7	29	3	5646	2.8	52	54.5	27
防晒衫	45	2	8910	2.3	21	2.2	4410	2.5	47	49.5	24
连衣裙	275	14	73700	19.1	202	21	55275	27.2	73	75	73
连体裤	52	3	14144	3.7	9	0.9	2334	1.1	17	16.5	43
半身裙	187	9	33473	8.7	27	2.8	5021	2.5	14	15	160
长裤	125	6	22125	5.7	72	7.5	12611	6.2	58	57	53
七分裤	77	4	13706	3.5	41	4.3	7538	3.7	53	55	36
短裤	56	3	8792	2.3	19	2.9	3121	1.5	34	35.5	37
总计	1986		386318		960		203442			52.7	

表 3－21　×品牌 4 月中旬店铺库存

品类	店铺 A			店铺 B			店铺 C		
	件数售罄率/%	金额售罄率/%	库存/件	件数售罄率/%	金额售罄率/%	库存/件	件数售罄率/%	金额售罄率/%	库存/件
衬衫	62	67	121	55	58	99	66	67	107
上衣	23	24	179	57	61	112	45	42.5	103
T 恤	62	62	156	51	50	145	58	57	126
吊带	17	18	79	47	49	56	33	35	65
夹克	62	65	47	80	81	13	72	69	25
风衣	59	56	52	60	62	35	81	80.7	15
卫衣	78	78	21	49	50	62	82	81.5	13
针织衫	56	57	45	62	65	52	50	52	44
防晒衫	33	35	68	21	25	55	29	27	43
连衣裙	57	57	192	62	60	156	72	70	108
连体裤	3	3	45	37	36	20	42	40	18
半身裙	47	49	189	56	55	88	23	22	192
长裤	52	56	176	49	50	73	61	63	92
七分裤	40	41	76	62	65	71	53	55	97
短裤	21	20	68	26	26	73	17	18	55
总计			1214			273832			

②夹克、风衣、卫衣这些品类在4月中旬时已经快过销售期了，因此需要重点关注这些品类，除了制订本店铺这些品类的推广方案外，也可以通过平衡库存的方法将这些货品向销售好的店铺调拨。店铺A的夹克售罄率较低，库存数量较多，而店铺B的夹克售罄率较高，可以将店铺A的夹克向店铺B调拨；店铺C的风衣售罄率较高，库存较少，可以将店铺A的风衣适当地向店铺C调拨；店铺B的卫衣售罄率较低，而卫衣在店铺A和店铺C的售罄率还不错，因此可以将店铺B的卫衣向店铺A和店铺C调拨。

③连体裤在店铺A销售较差，可以将连体裤的库存适当地向店铺B和店铺C调拨；店铺C的半身裙售罄率较低，库存较多，而店铺B的半身裙售罄率相对较高，可以适当地将店铺C的半身裙向店铺B调拨。

第四章

产品采购及跟进

一、采购合约及注意事项

买手确定好采购款式后，需要与供货商就以下内容进行谈判并制订采购合约：

①货品价格。合作方式不同，采购价格形式也存在一定的差异，如果是经销的方式，采购价格一般按吊牌价的折扣比例计算，如按照“吊牌价格的几折”拿货；如果是代销的模式，则需要确定好销售的分成方式，还要弄清楚采购的价格是否为含税价格等。

②采购数量。采购数量包括采购总数量、款式数量、颜色数量、码数数量等。

③付款方式。包含以何种形式付款、何时付款、结算币种等，一般订货时需要支付一部分定金，定金比例可与卖方协商。

④质量要求。买手需要与供应商确定好采购产品的质量要求，如面料、工艺、尺码的质量标准。如果供应商提供了样品，可以按照提供样品的质量进行生产，若需要对样品修改，则要明确需要修改的内容，也可以要求供应商提供修改后的样品进行确认。

⑤交货方式。包括交货的时间、地点、运输方式及运费等内容。此外，双方还应确定产品的包装及验收标准，如供应商应提供符合国家标准的包装以便于运输，供应商确保提供的包装足以避免产品受损等。

⑥退换货。采购前买手还需要跟供应商确认货品退换问题。一般来

说，双方会约定残次率，超过残次率的货品可以退还给供应商。

⑦未能按时交货的责任赔偿。时装是季节性很强的产品，生命周期也较短，供应商如果不能按时交货会影响时装产品的销售，容易造成库存积压。订货时买手也需要与供应商约定好未能交货的责任及赔偿，确保双方的利益。

对于经销或代理多个品牌的买手，还需要跟品牌供应商确认以下内容：

A. 品牌授权种类。经销商与代理商存在一定区别，经销商需要向品牌公司购买产品，取得产品所有权后销售产品；代理商则不需要购买产品，也不具有产品所有权，只是代理品牌进行销售并通过销售取得佣金，买手需要先与品牌公司确认好授予的是代理权还是经销权。

B. 产品经营范围。一些一线品牌会有多个产品线，如服装、配饰、家居等，买手需要确认代理或经销的产品线种类，以及这些产品授予的经营范围，如是单店授权经营还是区域授权经营。单店授权经营，指每开一家店铺都需要取得品牌公司的授权；区域授权经营，指受许人可以在一定区域内开设多个店铺。

C. 零售价格。一般来说，品牌公司不允许经销商或代理商将产品价格提升到高于产品统一零售价格，但允许经销商或代理商在特定时间对产品进行打折出售，因此买手需要与品牌供应商确定好产品的价格政策。

D. 退换货政策。不同品牌公司的退换货政策也有一定的差异。一般来说，品牌公司会给经销商或代理商一定比例的退换货额度，不同公司的退换货额度也不同，买手需要和供应商确认好退换货的具体政策，可以协商争取尽可能多的退换货额度，减少库存压力。

E. 品牌供应商提供的技术支持。成熟的品牌公司一般会给经销商或者代理商提供一定的技术支持，如品牌宣传、店铺装修设计、员工培训等，这些需要在合约里注明。

二、货品跟进

买手订货完成之后，会得到大量的订单数据，为便于后期货品跟踪，可以按照不同的分类方法进行整理汇总，如按品类汇总、系列汇总和上货波段汇总。汇总表包含具体的货号、面料及款式信息、颜色、码数数量、采购成本、供应商信息、到货日期等。如表 4－1 至表 4－3 所示。

表 4－1　品类汇总表

产品类别	款号	面料信息	款式描述	颜色	采购数量						采购成本	供应商	预计到货日期	备注
					XS	S	M	L	XL	小计				
合计														

表 4－2　系列汇总表

系列名称	款号	面料信息	款式描述	颜色	采购数量						采购成本	供应商信息	预计到货日期	备注
					XS	S	M	L	XL	小计				
休闲系列														

续表

系列名称	款号	面料信息	款式描述	颜色	采购数量						采购成本	供应商信息	预计到货日期	备注
					XS	S	M	L	XL	小计				
合计														
商务系列														
合计														
度假系列														
合计														

表 4-3　波段汇总表

波段	款号	上架时间	面料信息	款式描述	颜色	采购数量						采购成本	供应商信息	预计到货日期	备注
						XS	S	M	L	XL	小计				
春一波															
合计															
春二波															
合计															

续表

波段	款号	上架时间	面料信息	款式描述	颜色	采购数量						采购成本	供应商信息	预计到货日期	备注
						XS	S	M	L	XL	小计				
春三波															
合计															

在订单管理过程中，需要有专门人员负责订单跟进工作，与供应商保持联系，了解货品生产进程。同时，要关注货品在生产过程中的质量是否达标，若发现订单异常变动应及时向买手反馈，确保供应商能够按时按质交付货品。

第五章

货品销售跟踪管理

一、门店报表管理

销售数据是货品畅销程度的直接反映，货品上架后，买手便开始推进另一项重要的工作——对货品的销售进行跟踪，通过对销售数据的分析及时掌握货品销售状态，并根据销售情况找到提升销售业绩的方法。销售数据通常直接来源于各个店铺，因此做好店铺销售数据的管理是收集销售信息的第一步。通常门店需要制定日报表、周报表及月报表，日报表一般包含门店的目标销售额、实际销售额、进店人数、试穿人数、成交率、客单价、连带率及日销售总结等信息。如表 5－1 所示。

表 5－1　门店销售日报

门店信息：	日期：	目标销售额：
销售额：	客单数：	客单价：
连带率：	进店人数：	试穿人数：
早班：	中班：	晚班：
促销方案：		
陈列情况：		
顾客建议与投诉：		
销售总结：		

续表

	单号	销售货号	颜色	码数	标价成交额	实际成交额	备注	开单人
销售明细								
合计								
填表人：								

单店销售月报的内容与日报相似，但是多了销售对比分析，如达成率、售罄率、同比环比对比等数据。销售月报除了反映销售业绩，还可以呈现店铺的销售增长情况、VIP 客户的增长情况等。一般来说，VIP 客户的购买额是门店业绩的主要来源，并且 VIP 顾客的复购率较高，是店铺稳步发展的支柱，因此销售月报中还要体现 VIP 客户的购买情况，以便及时调整对 VIP 客户的维护策略。

表 5－2　门店销售月报

门店销售月报	
门店信息	
销售月份	
促销情况	
陈列情况	
顾客投诉与建议	
销售总结：	

续表

时间	第一周	第二周	第三周	第四周	月总计
目标销售额					
实际销售额					
达成率					
售罄率					
同比增长率					
环比增长率					
折前销售额					
折后销售额					
VIP 购买额					
新增 VIP 数					
填表人：		日期：			

店铺销售报表通常由当班店员或者店长填写，是反映门店销售业绩的实时数据，因此应该每日及时填写；填写时应遵循真实、规范、准确、完整、清晰等原则，如填写表格时需字迹清晰，内容完整，填写及时，反映内容真实准确，如果有瞒报、虚报或误报等情况，须由相关责任人承担后果。

买手除了审阅各个店铺的销售日报、周报、月报外，还要跟踪整个品牌的销售报表，品牌的销售报表通常包含各店铺的总销售额、销售件数、折前及折后销售额、售罄率、同期对比等数据。从报表中不但可以看出各店铺销售业绩的高低，还可以看出店铺与去年的销售对比等数据，帮助买手进一步了解品牌销售与以往的差异，及时找出原因、解决问题。如表 5－3 所示。

表 5-3　品牌各店铺销售报表

品牌名：					报表截止日期：				
店铺	销售额/元	今年累计同比差异	本月累计同比差异	销售数量/件	折前销售占比/%	折后销售占比/%	金额售罄率/%	采购成本/元	备注
店铺 1									
店铺 2									
店铺 3									
店铺 4									
……									

二、货品报表管理

除了从店铺维度分析报表外，买手还可以从货品品类维度及畅销度维度进行销售分析，品类销售报表主要从各个服装品类出发，着重分析每个品类的订货及销售情况，如订货件数、订货金额、销售件数及金额、件数售罄率及金额售罄率、销售同期对比等，如表 5-4 所示。从货品畅销度维度分析，主要针对销售中排名靠前或靠后的货品，分析这些款式不同时段的销售额、销售件数及售罄率等数据，畅/滞销货品分析表中还应包含货品的零售价格、面料信息、款式特点等，方便买手总结畅滞销的原因，为以后的货品采购提供帮助。如表 5-5 所示。

表 5－4　品类销售报表

品牌：			截止日期：					
品类	订货		销售				金额售罄率/%	件数售罄率/%
	数量/件	金额/元	数量/件	同比对比	金额/元	同比对比		
大件								
羽绒服								
大衣								
风衣								
……								
上衣								
衬衫								
卫衣								
T 恤								
……								
下装								
半身裙								
裤子								
牛仔裤								
……								
连衣裙								
连体裤								
连体装								
……								
总计								

表 5－5　畅/滞销货品表

品牌：　　　　截止日期：

款号	图片	面料信息	款式特点	采购数量/件	采购金额/元	销售金额/元	销售数量/件	零售价格/元	成交均价/元	售罄率/%（上市2周）	售罄率/%（上市4周）	售罄率/%（上市8周）	总售罄率/%
……													
总计													

通过对销售数据的追踪分析，买手可以及时掌握各个店铺及各项品类的销售动态，进而了解门店的需求、客户的需求；准确的销售数据是买手成功的基石，错误的数据会误导买手，使企业蒙受损失。因此，买手在收集和分析销售报表时要做到准确、及时、全面，随时掌控销售和库存的风险和机会，争取销售利润最大化。

第六章

买手创业技巧

拿破仑有句名言“不想当将军的士兵不是好士兵”，对于多数买手而言，一定也想拥有自己的买手店或买手品牌。互联网经济发达的今天，催生出多元化的创业途径，从传统的线下实体店到线上零售、主播带货，再到融通线上线下的新零售，销售的渠道不断推陈出新。不管销售渠道如何变化，货品都是销售的基础，组织好高性价比的货品是买手创业中的重要一环，也是影响销售的关键因素。

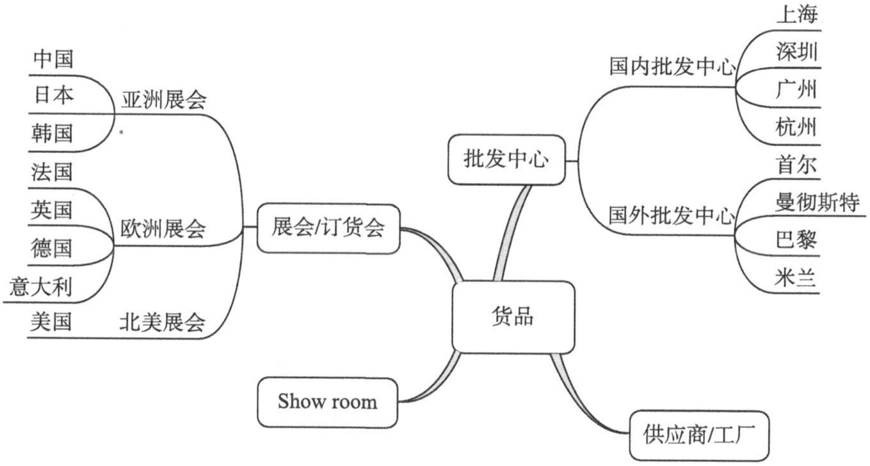

图 6－1　货源地图

一、货源地图

买手根据企业或品牌的定位不同，可以选择不同的采购渠道。一般来说，可以从以下途径搜罗挑选货品：

①展会/订货会渠道。买手可以通过参加展会/订货会来采购货品，展会/订货会上多数供应商要求有最小的起订量，因此这种方式适合销售渠道成熟、店铺数量比较多的买手，如配合型买手或品牌买手。服装展会/订货会一般一年举办两次，买手可以根据自己的定位参加相应的展会。欧洲主要的展会/订货会有法国的巴黎成衣展（APPAREL SOURCING PARIS）、巴黎服装面料展览会（PERMIERE VISION）、英国的PURE LONDON展会、德国的慕尼黑成衣展览会（MUNICH FABRIC START），亚洲的展会主要有韩国服装博览会（PREVIEW IN SEOUL）、日本东京服装展览会（ASIA FASHION FAIR），以及我国的香港贸发局时装展览会（FASHION WEEK）、上海国际服装服饰博览会（CHIC）、深圳国际品牌服装服饰交易展览会（FASHION SZ SHOW）。比较有吸引力的北美服装展会/订货会。有：美国的纽约服装采购展览会（APPAREL SOURCING USA）、拉斯维加斯服装展览会（MAGIC SHOW）及迈阿密纺织服装采购展（APPAREL TEXTILE SOURCING），这些展会一般涵盖了从面辅料到成衣的各类供应商，适合品牌买手或买手型企业选款贴牌，买手可根据各自的市场定位选择合适的展会参加。

②Show room渠道。Show room是近几年才在国内兴起，为原创设计师提供展示平台的商业机构。Show room在国外较为成熟，各大时装周都设立有Show room，囊括了从奢侈品大牌到新锐设计师品牌。Show room是连接买手与设计师的桥梁，既给设计师提供了展示作品的空间，又为买手提供了采购渠道。与展会相比，Show room上原创设计师的作品与市场的大众款不同，设计独特，系列感强，并且订单起订量小，可以买版也可以贴牌生产，适合小批量订货。国内的主要Show room有时堂、DFO、MODE SHANGHAI、VDS、CROSSOVER PROJECT、ONETIME SHOW等，这些Show room里除了展示本土设计师的作品外，还引入了一些欧美的设计师品牌。国外的知名品牌一般设有自己独立的

Show room 供买手参观订货，四大时装周期间也会有一些 Show room 为新锐设计师提供展示平台，买手可以提前通过时装周的官网查询 Show room 的举办时间和地点以便前往参观。随着互联网的发展，一些 Show room 也提供网络选款订货，但仍建议买手实地考察再下单，实地选款不仅可以检查实物的面料质量，还可以试穿，检验上身效果，此外还有利于买于与设计师面对面沟通谈判货品价格。

③批发中心。对于定位于大众零售市场的企业买手，批发中心是常用的采购渠道。展会/订货会和 Show room 中的货品通常不备现货，需要下订单后才生产，而批发中心的货品通常会有现货，款式更新速度快，适合快时尚品牌的买手。每个国家都设有自己的批发中心，我国的批发中心主要分布于广州、杭州、上海、深圳及石狮，各批发中心针对的客户群体也不同，买手可以根据定位选择合适的批发中心。就国内批发中心而言，比较高端的有深圳南油的批发中心，批发货品多为设计师款，款式与质量都比较考究，货品价格也相对较贵。南油批发中心由多栋大厦组成，每栋大厦都有自己的定位，其中南油 107 栋、108 栋及金晖大厦、世纪广场等多以设计师的原创设计为主，南油 110 栋和 111 栋多以国外品牌的原版复刻为主。如果说南油的批发市场适合中高端定位的买手，广州的批发中心则更接地气，适合中低端的品牌买手；广州的批发中心较多，以十三行商圈最出名，由新中国大厦、诚大时装广场等组成。这里的货品根据价位和风格不同也会有楼层细分，如新中国大厦一层至三层服装价格比较低，多数商家以单品类批发为主，四层至六层的服装以日韩风格为主，价位比一层至三层的略高，质量与款式相应较好，七层以上的服装风格偏成熟，以欧美风格为主。买手在这里采购需要货比三家，因为有些相同的款式不同商家的卖价不同，需要找到最合适的价格再下单。除了十三行批发商圈，广州还有低端的批发中心，如沙河批发城，适合外贸采购的站西批发商圈等，买手可以根据各自企业

的不同需求前往考察订货。

华东地区比较著名的服装批发集散中心主要是杭州四季青批发商圈，由意法服装城、四季青精品女装市场、九天女装市场、中洲精品女装城等多个批发商城组成。每个商城都有各自的风格及价格定位，中洲批发城的货品主要是日韩风格，服装品质较高，价位也相对较贵；意法服装城则是针对成熟的女性消费群；四季青精品女装城则以市场款为主，价位也相对较低。此外，国内比较大型的批发中心还有上海七浦路批发中心、福建石狮批发城、虎门富民时装城等，每个服装批发中心各有千秋，在此不一一详述。去国内批发中心看货的买手需要掌握好时间，国内的批发中心一般是早晨6点左右开门，下午关门较早，有些只营业到下午3点左右，因此买手需要安排好时间，尽量赶早看货。

说到批发中心，不能不提到韩国东大门批发基地，作为亚洲时尚的风向标，韩版风格的服装近几年颇受国内消费者的青睐，因此韩国也成为国内买手看货选款的主要地点。韩国的批发中心主要集中在首尔的东大门一带，与国内营业时间不同，东大门批发中心的营业时间是从晚上八点到次日凌晨五六点。东大门批发商圈有十几栋商厦，其中APM和U：US商厦主要针对高端市场，货品设计前卫、面料精致，价格也相对偏高，适合中高端定位品牌或者实体店的买手；DESIGNER CLUB和ZONE主要针对终端市场，款式更新快，服装用料不如APM和U：US的货品讲究，价位相对较低，适合中端定位的买手。与国内批发中心不同的是，东大门批发中心比较重视设计版权，批发商之间不会出现撞款的现象，因此买手不用担心下单后会在其他家发现更低价的同款。

与国内和韩国的批发中心不同，欧洲的批发中心不是商城模式，英国的批发中心主要位于曼彻斯特的CHATHAM HILL ROAD一带，法国的批发中心位于巴黎93省的AUBERVILLIER，批发商分布较为零散，欧洲的批发中心主要针对本国的零售商，因此批发的货品风格多以欧美风格为主。越来越多的服装批发中心以其独特的原创设计和考究的工艺，逐渐摆脱货品低质廉价的形象，成为买手们采购货品时不可或缺的场所。以上是国内外一些主要的批发中心，买手可以根据采购预算和消费者的定位选择合适的采购地点。

买手在批发市场选货时，要手眼并用，除了看货品的款式，还要摸、查、试、询。

摸。即感受货品的面料是否舒服，尤其要摸一摸货品的领口、袖口等部位的做工是否平滑舒服。如果服装上有金属辅料或者珠片装饰，也要摸一下是否扎手，不论什么款式的服装，舒适永远是第一位的，尽量避免选择那些面料或做工不舒适的货品。

查。即检查货品的质量，看看货品的做工是否合格、车线是否整齐、面料是否有瑕疵、拉链是否开合顺畅，还要检查里布的质量是否过关等。

试。服装的上身效果很关键，买手选货的过程中经常会碰到有些货品挂版很好看，但上身后的效果不尽如人意，因此选款时对看好的款式尽量要求商家试穿，看看上身效果再决定是否下单。

询。买手看好款式后需要跟商家确定是否有现货，如果没有，货期要多久；还可以跟商家谈判货品的价格及付款方式，如果订货量大，商家一般会给出更优惠的价格。

④供应商/工厂。此渠道通常适合配合型买手，很多服装品牌的商家不具备生产能力，一般会采用生产外包的模式，即不同类型的产品发往对应的工厂加工；一些大型的加工厂有自己的设计部门，拥有产品开发能力，每季会开发一些新产品供品牌商们订货。工厂的货源一般需要一定的起订量才可以生产，所以此渠道比较适合有一定规模的服装品牌商家或企业买手。

配合型买手在工厂挑选货品及下单时需要注意以下几点：

●挑选货品时需要以产品企划为基础，挑选的货品风格能够与设计师设计的产品系列相融合。

●挑选货品时与工厂确认产品的价格，请工厂出具报价单。一般来说，工厂的报价会有包工包料和来料加工两种价格，买手可以根据自身企业的情况选择合适的价格。

●选货时要与工厂确认产品的生产周期与起订量，看看是否符合企业要求。

●尽量不要把所有款式放在一家工厂生产，以免工厂出现意外情况，所有货品不能及时交货。

●下单后要随时跟踪货品动态，定期去工厂检查货品生产情况，确保货品能够按时交货。

二、线下门店买手组货策略

大多数买手创业时资金并不充裕，通常是从一家店铺做起，创业前需要先做好系统规划，可以提高创业成功率。开店前请先问自己四个W（Who、What、When、Where），具体内容如下：

Who：产品准备卖给谁。即前面提到的做好消费者调研，买手开店前需要勾画出目标消费者的形象，勾勒的形象越清晰，组货时的指向性就越强。

What：准备卖什么产品。服装风格多种多样，服装品类琳琅满目，而一家店的空间有限，买手需要确定产品的服装风格、销售的主要品类，并且根据店铺的面积估算出首批货品的SKU数量。

When：准备在哪个时间段切入市场。服装产品有很强的季节性，淡旺季区分鲜明，如果买手选择在淡季开店，首批货品的销售额通常不甚理想，也会造成资金周转的压力，因此要尽量选择在旺季开店，有利于第一批货品的流通。

Where：计划在哪里销售产品。销售途径会直接影响买手的采购方向，如网络销售更注重单款销售，因此要加强采购货品的深度。实体销售，整个店面的形象就显得尤为重要，因此备货时要注重货品之间的搭配。

买手对以上问题有了清晰的答案，便可以展开细致的组货计划，具体内容如下：

①计算出店铺首批 SKU 的数量。对于线下买手店而言，买手组货的首批 SKU 数量需要根据店铺的布局来计算，首先要做好店铺的布局规划，确定好龙门架的数量及位置。如图 6－2 所示的店铺平面图，店铺里规划了 13 个龙门架，两个中岛货架。

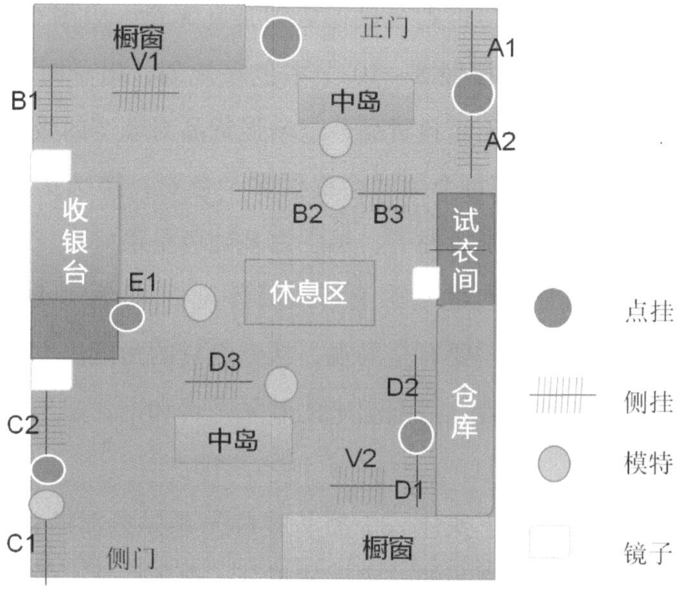

图 6－2　店铺平面图

我们设定每个龙门架上连体款与上下分体款的比例为1：2，龙门架上没有重复的SKU，图中龙门架的长度为1.8米，按每个衣架占4cm，衣架之间间隔11 cm，每个龙门架上的衣架数量约为180÷15＝12个。按照上下叠挂与连体装比例1：1计算，每个龙门架上可以挂的SKU总数约为6＋6×2＝18件。店面中龙门架的总数量为13个，则能够计算出龙门架上出样的SKU数为18×13＝234件，加上中岛约为20的SKU，则能估算出店铺陈列的SKU数约为234＋20＝254。如果按照陈列的每个SKU有3个码，每个码准备2件的库存，则能计算出店铺的总数最少为254×6＝1524件，也就是买手首批铺货的货品总量约为1524件。

②货品组合策略。

色彩组合。对于线下的品牌店，店铺的陈列形象格外重要，因此买手在组货时要考虑货品陈列出来的效果，把握好货品的节奏。色彩上，店铺里的色彩不宜过多，否则会显得店铺杂乱无章，以图6－2的店铺为例，13个龙门架可以按照8～10个主色来规划，组货时可以选择一组视觉冲击力较强的花色面料货品，以增强货品对顾客的吸引力。

一般供应商/批发商每个款式会提供多个色彩，挑选货品时买手不需要选择所有颜色。通常情况下，黑、白基础色是最好卖、最易搭配的颜色，在选择这两个颜色的基础上可以另外挑2～3种规划内的色彩。买手在挑选货品色彩时需要有全局观，从整盘货的角度出发，看看这些色彩之间能不能互相兼容，搭配起来的效果是否和谐，融不到整盘货里的色彩尽量不选。

在品类组合上，线下实体买手型品牌首先要尽量提供齐全的品类，产品品类越丰富，相互之间的兼容度就越高，避免视觉上的单一性。如夏季的产品可以提供连衣裙、T恤、半身裙、衬衫、针织衫、防晒外套、背心、七分裤、九分裤、热裤、外披、连体裤、配饰等，这样不仅在视觉上让消费者感觉店内货品内容丰富，吸引消费者驻足，还有利于导购进行成套的搭配销售，提高连带销售率。其次，确定主要品类，如夏季的热卖款主要为连衣裙、T恤、衬衫、半身裙等，组货时可以增加这些品类的款式数量。买手规划品类组合时要注意品类的配比，一般来说，上装款式数量是下装款式数量的3倍以上，更有利于各款之间的相互搭配。

做产品尺码组合时，买手需要考虑目标消费群体的身材特征，每个国家的号型标准不同，码尺名称也有区分，如法国一般用欧码的36、38、40等，英国尺码为8码、10码、12码等，我国号型用160/84A、165/88A等来区分，通用的尺码一般分为小码（S）、中码（M）、大码（L）和加大码（XL）等。买手采购货品时，除了自由码（Free size）的款式，一般要遵循尺码完整原则，每款至少提供三个尺码供客户选择，每个尺码的采购数量可以根据目标客户的身材特征来进行配比，以S码、M码、L码为例，中码体型的客户较多，但是S和M码的配比要根据客户的实际情况来确定。例如北方地区的消费者体型较大，S码、M码、L码配比可以按照1∶2∶2的比例来组合；南方地区的消费者体型娇小，则尺码配比可以按照2∶2∶1的比例来组合。

款式组合。买手为线下门店选款时要考虑以下几个方面：

- 从消费者的角度出发，根据顾客的需求理性选择货品。一般来说，设计感太强的款式容易吸引人，但是往往也很挑人，这类款式的比例不宜过高。买手还需要了解目标消费群体的身材特征，避免选择暴露目标客户身材缺陷的款式，如中年女性的手臂通常会有赘肉，很多中年女性不喜欢无袖的款式，这些都是买手选款时需要考虑的问题。
- 尽量减少同类竞争款，即外观和用途相似的款式。同类竞争款既占用采购资金，又增加消费者的选择难度，挑款时应尽量避免。
- 选款时要考虑款式之间的搭配兼容性。兼容性从挂杆、系列、波段的维度出发，思考款式是否容易与挂杆上的其他款式搭配，和其他系列的款式搭配，能否和不同波段内的款式搭配，即新旧款的搭配。

三、直播组货搭配技巧

直播销售相比线下销售，消费群体广泛，消费群体没有地域的限制。在直播销售时，主播担当着导购的角色，直播过程中主播按照提前准备好的脚本来讲解，脚本内容是根据买手组织的货品撰写的，因此买手组织的货品直接影响直播的销售额。线下实体品牌店主要是卖方市场，导购通过服装的整体风格向消费者传达他们的品牌理念，买手在为线下实体店铺组货时需要考虑货品整体的风格、系列感等。而直播营销通常是买方市场，消费者有很强的不确定性，买手组织的货品需要迎合更多类型消费者不同场合的穿着需求。同时，由于镜头前的空间有限，不像实体店铺可以展示所有的货品，因此组货时可以按照场景划分，选择主推款 + 连带款的方式进行组货，如图 6 – 3 所示。

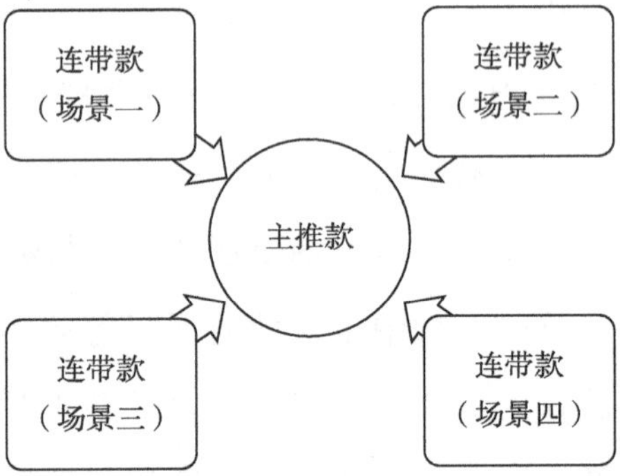

图 6 – 3　直播场景销售

①确定主推款。买手可以先确定几款主推款，直播的时间有限，看直播的客户群体往往没有明确的购物目标，主推款 + 连带款的销售模式

有利于将客户带入场景式的消费环境，增强货品的吸引力，同时主播在介绍货品时也可以从主推款展开，犹如写文章时围绕中心思想展开论述，使直播过程更加有条理性，避免混乱无序的直播效果。

②设定穿着场景。买手组货前可以先设定几个穿着场景，如休闲度假、职场通勤、闺密聚会等，根据不同的穿着场景围绕主推款搭配连带货品。这些场景通常也是主播介绍时的脚本，主播可以围绕这些场景展开单品的讲解。

③组织搭配连带款。确定了主推款及穿着场景后，买手可以在具体的穿着场景下为每个主推款搭配相应的单品，通过不同场景的搭配，给消费者提供多种穿着风格的选择，让客户产生“物超所值”的感觉。以基础的白衬衫为主推款，可以设定职场丽人、郊外度假、情侣约会、闺密派对四个场景。

场景一：此场景为职场丽人场景，通过基础款白衬衫与西装、长款马甲、九分裤或阔腿裤的搭配，打造干练飒爽的职场丽人形象。如图 6 – 4 所示。

图 6 – 4　职场丽人场景组货

场景二：这组货品为郊外度假场景，基础款白衬衫搭配宽松牛仔裤、夹克衫、法式草帽，也可以搭配碎花半身裙，将消费者带入惬意休闲的度假时光。如图6－5所示。

图6－5　郊外度假场景组货

场景三：本组场景为情侣约会场景，白衬衫搭配仙女风的纱裙与优雅浪漫的小香风针织衫，蕾丝半身裙、小香风款马夹，适合甜蜜浪漫的约会场合。如图6－6所示。

图6－6　情侣约会场景组货

场景四：基础款白衬衫搭配刺绣透视马甲裙、金属丝镂空罩衫，或亮片半身裙，摩登中带有一丝小性感，可以呼应闺密派对的动感氛围。如图 6－7 所示。

图 6－7　闺密派对场景组货

从以上四组场景可以看出，虽然是同一款白衬衫，通过不同的货品组合，可以营造出完全不同的穿着风格。这种场景化的组货方式不仅给主播提供了主题场景式的讲解内容，还能够迅速将屏幕前的客户带入购物状态，让消费者感觉到“原来一件单品可以在这么多场合下穿”。多数消费者缺乏搭配能力，这种场景搭配式的组货及直播模式可以给顾客带来“一衣多搭，物有所值”的购物体验，大大刺激顾客的购买欲。

四、开店计划及开店预算

买手创业前，需要先制订开店预算，无论是线下还是线上的店铺，都需要资金去运作。店铺的预算主要包含以下几个方面：

（1）店铺租金

线上店铺根据入驻平台的不同，租金要求也不一样，例如淘宝C店不需要租金，但需要缴纳一定的保证金。天猫的店铺入驻要求相对较高，天猫商城分为旗舰店、专营店和专卖店三种，不同类型的店铺缴纳的保证金额度也不相同，另外还需每年缴纳一定的技术服务费。实体店铺的预算主要包含租金与押金，不论是选择街铺还是商场开店，一般都需要缴纳一个月到三个月的押金；如果是扣点式的商场，后期的店铺租金会从销售额中扣除，但新店铺一般需要一段时间积累客户，前期的销售不一定理想，因此需要额外准备几个月的租金以防万一。

（2）人员工资

人员的工资可以根据店铺雇用人员的数量算出，一般店铺最少需要2个店员进行早晚班轮换，根据店铺面积的大小可以适量增加店员的数量。服装店店员的工资一般由底薪+销售提成组成，销售提成制订一般根据完成业绩的比例划档提成，例如完成销售业绩的100%可以提成5个点，完成80%可以提成4个点，完成60%可以提成3个点等。店长除了个人销售提成外，一般还有店铺的总业绩提成，具体提成方式也可以根据每个店铺的实际情况来制订，也可以参考同行的提成比例。为了提升店员的积极性，也可以制定一系列的奖励机制。列举如下奖励方法：

- 冲关奖励。如店铺当天销售额突破1万元，当班的店员可额外奖励50元；每个月完成销售目标的100%，每个店员可以获得额外现金奖励等。

- 大单奖。如店员个人连单销售3000元可以获得20元奖励，5000元以上可以额外奖励30元等。

- 负激励制。如有不开单的情况，当天每个店员倒扣10元等。

• 团建奖励。如门店完成全年销售目标的 100%，可以获得带薪旅游的福利。

买手可以根据店铺的实际情况安排店员的薪资构成，好的薪资待遇才能够吸引到理想的人才。除此之外，根据国家要求，买手店主还需要为店员购买社会保险，这些都需要算进开店预算里。

（3）店铺装修及货架道具费用

店铺设计装修费也是买手开店需要考虑的，如果选择商场店铺，进驻商场前还需要向商场管理部门提供店铺装修效果图，买手可以跟设计公司沟通，根据店铺的风格定位选择相应的装修风格。店铺装修时应注意以下方面：

• 店铺门头要醒目、有吸引力。如果是不知名的品牌，路过的人需要从店铺的门头及橱窗判断该店铺的类型，门头是店铺的脸面，装修时要选择与店铺风格贴切且有特点的门头。

• 装修时不要忽略灯光的选择，灯光在服装店里不仅仅是为了照明，还对服装有烘托的作用。不同的灯光会带来不同的效果，若全是冷光会显得店铺不够温馨，全是暖光又会显得店铺不够明亮，选择灯光时可以适当地进行冷暖光结合，调整到最舒适的购物灯光。

• 在选择货架及模特前，买手需要对店面做好规划，设定合理的顾客消费路线（Foot path）。规划时，要尽量把顾客行走的路线规划得长一些，尽量让所有的陈列产品都可以在规划路线内展示给消费者，消费者在店内驻留的时间越长，成交的机会就越多。规划消费路线时可以分为主路线和辅路线，并不是所有的顾客都可以耐心地走完全部的行走路线，买手可以规划一条辅路线供消费者选择，关于店铺的动线设计会在后面的章节详细介绍。

（4）货品预算

店铺的首批 SKU 计算方法前面已经介绍过，买手在做货品预算时要至少预留一个月的库存预算。以前面的店铺为例，如果首批铺货数量1524件为半个月的库存，则一个月的货品预算为1524×货品预估平均单价×2。

（5）其他费用

除了以上开支，买手创业时还有一些额外的花费，如产品画册的拍摄费用，如果是网店，产品的拍摄费用也是一笔不小的开支；宣传费用，如果是网店，需要购买宣传流量，实体店一般开业需要举办宣传活动等。因此，买手做开店预算时应尽量多预留一些费用作为额外开支。

五、店铺选址

对初次创业的买手来说，店铺选址很关键。好的店铺位置可以带来更多的客流量，客流量是销售的基础。在选址时，买手应从以下几个方面考虑：

（1）客流

店铺选址时不仅要关注客流量的大小，还要留意客流的类型。建议买手在盘下店铺前多花点时间在工作日及周末的早、中、晚时间段在意向店铺的周围蹲点统计进入附近店铺的客流量，分析这些客人的类型，如学生、白领、家庭主妇等，确定客流的分布情况，就可以粗略统计出店铺的有效客户和潜在客户在总客流量中的比例。如果有效客户和潜在客户占比太少，就算店铺周围的客流量再高也不是理想的店铺位置。选址时，买手还要考虑客流的行进方向，不同国家的人们行进的习惯不同，如英国人都是靠左行驶或行走，我们国家则是靠右行驶或行走。一般来说，在人流上游的店铺可以优先接触到消费者。

（2）周边环境

店铺所处的环境也会影响以后的销售。一般情况下，女性消费者购买服装时会去女装店铺比较集中的地方逛街。我们发现，很多商场会按照消费者的类型进行区域划分，如划分女装区、童装区、男装区等，一些商场还在女装区内按照不同的消费者定位进行细分，如高档女装区和中档女装区等。买手在选择店址时要根据店铺的定位选择目标消费者比较集中的区域。

（3）远离超级竞争者

买手在选择店址时尽量避免与超级竞争品牌/店铺太近。超级竞争者是指与本店铺产品风格相似、客户群体相似的品牌或店铺。超级竞争者不但在产品、经营模式、客户服务等方面已经非常完善和成熟，而且具有很高的知名度。与超级竞争者距离太近，很容易被抢走客源，因此在选址时尽量远离超级竞争者。

（4）店铺可见度

选择店铺时要尽量选择可见度高的店铺，即容易被发现的店铺，如远远就可以看到店铺的门头或LOGO，或者在电梯口，客户很容易到达的铺位，应尽量避免选择很难被发现，或者店前有障碍物的店铺。

六、开店运营

店铺开业后，买手作为店铺的运营者需要做好店铺的精细化管理。当然，如果资金充裕，可以聘请专业的管理人员，但大多数买手在创业初期资金都比较紧张，需要亲力亲为。为了保证店铺的有效运转，买手应从以下几方面制定店铺的管理制度：

1. 人员管理

店员是服装店铺的生命力，好的导购可以使店铺的生意越来越兴旺，因此买手需要加强对店员的管理及培训，并且需要制定一系列的人员管理制度，从工作时间、仪容仪表、工作态度、职业道德、奖惩机制等方面对店员规范要求。高素质的店员可以大大增强店铺的竞争力，买手需要定期对店员进行专业知识培训。例如：

审美情趣。服装店员与其他销售人员不同，需要自身具备一定的审美能力才可以为客户提供更专业的服务。因为很多消费者并不知道如何选择服装，如果店员能提供好的建议就会大大增加成交的机会。买手可以从色彩搭配、款式搭配、流行趋势等方面对店员进行培训，以提高店员的审美能力。

货品知识。货品知识往往也是店员向顾客推销的“卖点”，所以，店员需要将货品的名称、种类、材质、款式特征、颜色、尺寸、维护保养方法等基础知识牢记于心，才能够在销售时游刃有余地向客户提供产品介绍和穿着建议。对于一些货品，尤其要做好相关的货品知识培训，才能够获得更大的利润。首先，订货量大的货品需要做好货品培训，如面料搭配、货品描述等；其次，对新系列的货品，主要培训设计师的灵感，面料和货品的特点及系列内各个款式的搭配原则。此外，对于滞销的货品，需要加强货品培训，主要提炼货品的卖点、搭配技巧，做更多的穿搭搭配练习，促进滞销货品的销售。

销售服务技巧。由于消费者个性化的消费需求，店员不能千篇一律地对待所有的客户，不同的客户需要有不同的销售策略，店员应了解顾客的消费心理，掌握一定的沟通方式及技巧。此外，店员之间合作销售往往会事半功倍，店员也要不断提高团队协作销售的能力。

货品的陈列与展示常识。服装是跟视觉密切相关的产品，好的陈列方式可以增强货品的美感和质感，从而达到刺激顾客购买的目的。因此，服装店员也需要懂得如何利用色彩、构图、灯光来配合货品的造型，进行合理的货品展示。

核算技能。经济核算是服装店铺运营中的一个重要环节，店员需要对店铺每天的经营活动进行记录、计算、保管，对销售库存进行核减等，因此店员不但需要具备一定的核算能力，还要掌握EXCEL或者销售软件的操作技能。

2. 销售管理

好的销售业绩离不开细致的店铺管理，成熟的企业会聘请专业的管理人员对终端店铺进行管理。创业初期，买手往往需要担负起销售管理者的角色，对店铺的销售进行规划、分析和总结。

制订销售目标。买手首先要制订销售目标，包括月销售目标、季销售目标和年销售目标，通常制订销售目标的时候需要参考往年同期的销售额，按照一定的增长比例制订。但新开的店铺没有参考指标，买手可以根据自己的经验，结合投入成本和店铺的实际情况制订合理的销售目标，新店铺销售目标需要有可实现性，不能过于夸张。如果目标太高，店员无法完成，会打击店员的自信心与积极性。销售目标要具体，例如制订了每月的销售目标后，要将销售目标细化到每一天及每个店员，让店员清楚地知道自己每天需要完成多少销售额才可以达标，也便于跟踪及分析店员每日的销售情况，起到督促和提醒的作用。

销售跟踪分析。店铺开始运营后，买手要及时追踪店铺的销售情况，并对销售情况进行分析，如客单价、畅/滞销款的分析等。畅/滞销款分析是店铺销售数据中最直观、也是最重要的数据之一，畅/滞销款可以直观地反映货品在一定时间内的受欢迎程度，一定时间内销量大的即为畅销款，销量小的则为滞销款。畅/滞销款的分析不能只看销售的数量，还和各款式的可支配库存数有关，有些款式销售数量不多，可能并不是因为不受欢迎，而是因为当初订货的数量就很少，或者卖完了没有及时补货造成实际销量不高。畅/滞销款的分析可以为各款式的补货提供依据，在对相同类别款式的销售进行分析对比后再结合库存，可以判断出需要补货的量，以便快速补货，从而减少因缺货带来的损失。畅/滞销款的分析数据还能够为买手下次订货提供参考依据，使买手在以后选款时能更准确地把握货品。

制定合理的促销策略。为了提高竞争力和减少库存压力，服装店铺会定期举办促销活动，适当合理的促销活动有利于培养和留住现有的消费群体，吸引零售终端的人流量，增加店铺的销售额。不适当的促销打折活动容易引发价格战，对产品和店铺形象造成伤害。因此，买手应该选择正确的促销时机，制定合理的促销手段，在提高销售额的同时也能维护品牌或者店铺的形象。

制定促销策略时应从促销产品、促销核算、促销时机等方面来考虑；促销产品一般选择滞销款或已经过了产品周期的成熟期产品，也可以选择库存量大的产品做促销，有时候为了吸引消费者眼球，也可以选择特定的畅销款做促销，从而带动其他款式的销售。

促销核算。现在的促销手段多种多样，服装店常用的促销手段主要有降价促销和买赠促销。促销前，买手需要做好促销活动的销售与利润核算，否则盲目的促销往往会造成销售额增加，但利润少得可怜。以下是一些核算的方法：

以降价促销为例，买手需要计算出促销持平数量和利润持平数量，持平数量 = （原零售价 × 原销售数量） ÷ 现零售价。如某款连衣裙的原销售价是 820 元，成本价为 265 元，周销量为 6 条，现计划推出促销活动，将此款连衣裙的销售价格调为615元，持平数量＝（820×6）÷615＝8。也就是说，降价后周销量要达到8条才能和降价前的销售额持平，否则就意味着做了促销，销售额反而下降了。除了销售额，做降价促销时，还要计算销售毛利润，还需要计算出卖多少件才能与促销前的利润持平，如前面的连衣裙降价前的毛利润为820－265＝555元，降价后的毛利润为615－265＝350元，那么利润持平数量为555×6÷350≈10件，即降价后要销售10件才能和促销前的毛利润持平。

买赠促销也是服装店铺常用的促销方式，即买满一定金额送赠品，例如店铺推出买满800元送衬衫的活动，衬衫的成本为120元，上周的销售额为6万元，原来货品的毛利润为55%。这时需要计算出推广的毛利润，促销毛利润＝原毛利润－赠品成本÷买满金额×赠送比率（赠送比率是指赠送赠品的比例，这需要根据平时的销售数据预估出来），例如买满1000送赠品的概率是70%，那么促销毛利润为55%－（120÷800）×70%＝44.5%。还可以算出接下来一周如果进行买满800元送衬衫的活动，周销售额要达到60000×55%÷44.5%≈74157元，也就是促销时周销售额要达到74157元才可以和原来的销售额持平。根据促销核算的数据，买手可以预估出促销须取得的效果，促销时可以根据实际促销情况进行灵活调整，以便取得更好的销售效果。

促销时机。促销活动虽然可以汇集人气，提高销售额，但如果促销时机不对，虽然短时间内销售额增长，但从长远来看，不但会影响店铺的整体销售额，而且有损品牌的形象。因此，促销时间不能太长，考虑到消费者正常的购买周期，若促销时间太长，会给人留下店铺常年促销的印象，一般促销活动的时间以2～3周为宜。此外，还要在合适的时机选择促销，促销时间一般选在以下几个时段：

①节假日。多数消费者在节假日有闲暇时间，逛街购物往往是他们的节日活动之一，选择在节假日举办促销活动可以借助节假日的高人流

量使销售额最大化。

②店铺开业或周年庆。店铺开业或周年庆相当于店铺的生日，在这段时间促销既具有说服力，又能加深顾客对店铺的印象，因此也是举办促销活动的好时机。

③新品上市。新产品上市时配合推销推广活动可以提高新产品的竞争力，提升品牌形象，刺激客户的购买欲望，从而带动其他产品的销售。

④淡季/换季。淡季成交量相对较少，需要举办一些促销活动来提升销量；换季是新旧产品交替的时机，此时举办促销活动在处理过季产品的同时又有利于带动新产品的销售。如表 6－1 所示。

表 6－1　×品牌店铺春夏季促销计划

活动主题	开始时间	结束时间	活动内容	天数	目标/元
情人节	2 月 10 日	2 月 17 日	满 1680 元送情侣电影票	8	55000
新品推广/女神节	3 月 6 日	3 月 13 日	全场满 600 元减 90 元（配饰除外）	7	42000
复活节	4 月 19 日	4 月 24 日	购物砸金蛋	5	33000
劳动节	4 月 29 日	5 月 5 日	会员充值 3000 元送 500 元	8	60000
端午节	6 月 7 日	6 月 13 日	满 1000 元送手包	7	52000
店庆活动	7 月 11 日	7 月 20 日	一件 7 折，两件 6 折，三件 5 折	10	58000

3. 客户维护

在店铺运营过程中，客户维护是很重要的一环，常常直接影响销售额。店铺管理者需要制订好客户维护计划，从建立客户数据库、日常客户维护、举办客户活动、售后服务等方面入手，建立以客户为导向的终端客户服务体系。

建立客户数据库。店铺从开店开始，店员应该记录每一位消费者或意向消费者的信息，逐步建立客户数据库，客户的信息包括客户的姓名、年龄、生日、穿着服装的码数、职业、消费习惯、兴趣爱好、着装喜好、消费次数及每次的消费金额、联系方式等。数据库建立后还可以对客户进行分析，识别VIP客户，有利于对不同的客户进行有针对性的维护服务。

日常客户维护。高质量的客户服务可以提高客户对店铺的忠诚度，增加回头客。针对不同的客户可以提供差异化的服务，如针对喜欢社交聊天的顾客，可以建立店铺微信社群，经常在社群里分享店铺产品、搭配建议等，加深与顾客之间的交流；对于不接受店铺社群的顾客可以单独联系，一对一地进行维护服务。店铺服务要尽可能细致，如在销售时，要告诉顾客衣物洗涤保养的注意事项、存放方法；顾客购物完成后，适时打电话或微信回访，了解顾客对产品的反馈和穿着体验。

建立情感沟通渠道。对待客户要像对待朋友一样真诚，避免过于商业的交流，尝试与客户建立朋友般的情感沟通渠道，如节假日问候、天气变化时提醒客户注意防护、生日时发出祝福并送小礼物、举办一些新老客户活动（如服饰沙龙、亲子活动、搭配讲座等）；可以定期举办VIP回馈活动，如达到一定消费额后可以赠送小礼品，特殊的节日额外折扣等，完善的客户维护服务可以加深店铺/品牌与客户之间的感情，使之成为长久的忠实消费者。好的产品配合优质的服务，才能最大程度地让消费者满意，从而增强店铺的竞争能力，扩大市场占有率，给店铺带来良好的经济和社会效益。

4. 陈列管理

美的东西总是能吸引人们的关注，服装店铺也是如此，高颜值的店铺总能吸引更多的消费者进入，店铺的陈列是店铺的脸面，好的陈列不仅能够吸引消费者、提高销售额，还能起到塑造品牌形象的作用。成熟的服装企业有专业的陈列部或者陈列师来负责每一期的陈列规划，作为创业者的买手，常常需要自己担当陈列师的角色，做好店铺的陈列管理是买手开店的重要工作之一。

（1）首次卖场陈列流程

陈列前，买手需要提前定好陈列时间，确定货品款号、颜色、明细尺码以及货品到货日期。除此之外，买手还要提前制订好陈列标准图，图上标明各个货架道具摆放的位置及应放的货物明细，如挂装的服装款号及颜色，模特的位置及穿着的服装款号及颜色等。同时，还需要点算文具及家私的数量，如水笔、胶带、模特、象鼻、挂通等。

整理仓库，空出位置放新货及旧货；计划好陈列当天的人手，安排并把陈列标准图给相关的同事学习和理解。

陈列当天先跟店员召开小会，进行人手安排、陈列标准的讲解、预计完成的时间。然后进行分组合作，新货按陈列标准图上架、整烫、挂价钱牌、清洁等。如果发现货品不足要马上着手补货，此时买手需要转场检查陈列效果是否与标准图相符，如发现错漏要及时调整。

陈列完成后要清理杂物、检查价钱牌、POP（卖点广告）等摆放是否正确美观；买手要在陈列完成后查看货品的高度，颜色的摆法是否符合要求，道具家私的位置是否摆放合理，模特的衣服是否整齐，价钱牌是否外漏等，同时还要将全场的灯打开，看看射灯的光是否在相应的位置。

（2）陈列时间管理

首次陈列完成之后，并不是保持陈列不变，需要定期对店铺的陈列进行调整来增强店铺的新鲜度。调整的频率可以根据店铺的上货频率、销售状况、天气等进行规划。一般在以下几种情况会进行陈列调整：

• 店铺每次上新后一般会做陈列调整，按照新品主推搭配和单品来确定模特和正挂的陈列面，将新产品陈列在显眼的区域，并且按照颜色与花色的过渡与旧产品衔接。

• 当高销售期结束后（如周六、周日、节假日等），产品的库存会发生较大的变化，可能会出现主推款断码或者缺货的状况，这时就需要对店铺的陈列进行局部调整，将模特或者点挂上的主推款进行替换。

• 天气变化时，店铺的主推产品也会发生变化，这时就需要根据主推产品对陈列进行调整，着重展示主推产品。例如秋季气温突然降低，许多消费者需要购买厚款的服装，这时可以将厚款服装进行重点陈列。

• 当模特或者点挂上的款式市场反映不佳，不能吸引客户的注意，这时就需要进行陈列调整，重新选择一批主推款进行陈列。

通常情况下，店铺的陈列需要每周一小调、两周一大调。小调整包括点挂、侧挂和模特出样，即便没有上新货，通过这些陈列调整也可以增加店铺的新鲜感。两周一大调的调整内容与上新货时的调整相似，销售两周后，货品的库存会有很大变化，这时可能很多款式缺色断码，或者一些款式就算放在好的位置也不畅销，需要结合销售情况对店铺产品进行重新规划陈列。

（3）陈列空间管理——动线规划

店铺动线（foot path），是顾客在店铺中的行动轨迹，好的动线设计可以让客户长久地驻留在店铺，增加客户的购买概率。反之，不合理的动线设计会影响顾客的购物心情，把顾客“赶出”店铺。因此，在做店铺陈列时要规划好舒适合理的店铺动线，引导顾客在店铺内循序渐进地体验产品。

①动线宽度设计。适宜的动线宽度是顾客愿意在店铺停留的前提，动线如果太宽会浪费店铺宝贵的空间，动线如果太窄又显得太拥挤，影响顾客的购物体验。店铺的顾客动线一般可以分为主路线和辅路线。主

路线是顾客在店铺内行走的主要通道，需要设计得宽敞一些，一般成年人的肩宽在50cm左右，店铺的主路线宽度一般设计在100～120cm。辅路线是顾客在店铺内行走的辅助通道，可以将顾客从主路线引导到不同的货架，辅路线的宽度可以略窄一些，一般以80～100cm为宜。

②动线设计技巧。

• 尽量设计动线完整封闭的购物空间，一些店铺为了增加顾客进店率常会设置两个出入口，出入口的设计尽量避免距离太近，否则会导致顾客流失。如图6－8所示，顾客进入店铺甲后一般会按照设计的动线把店铺逛完，而顾客进入店铺乙后则容易从另一侧出口出去，因此在设计顾客动线时尽量给顾客提供封闭完整的购物空间，避免动线被打断，以增加顾客在店铺停留的时间。

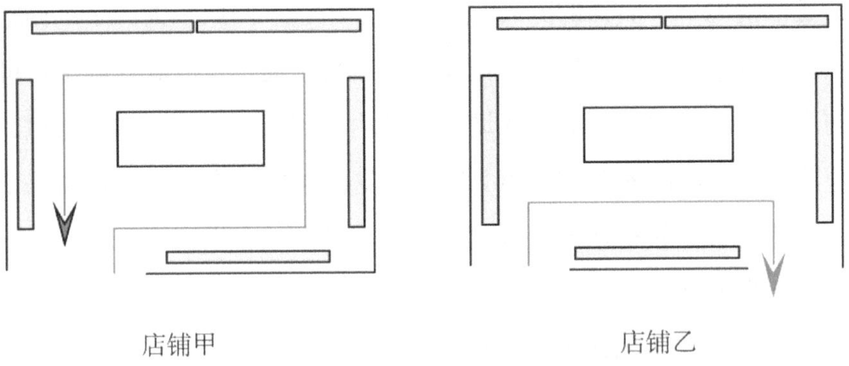

图6－8　动线设计

• 岛状分布设计，引导顾客不断深入店铺。设计店铺动线时，可以利用中岛柜，货架组成岛状排列，通过陈列的交替出现，将顾客引导到店铺的不同位置，增加店铺不同位置货品的曝光度。如图6－9所示，通过岛状布局陈列，多种陈列形式交替出现，吸引顾客按照设计路线深入店铺。

• 斜角动线设计，增加店铺空间感。对于开放式入口的店铺，可以利用店内的货架和道具做出倾斜的布局，在吸引顾客深入店铺的同时还

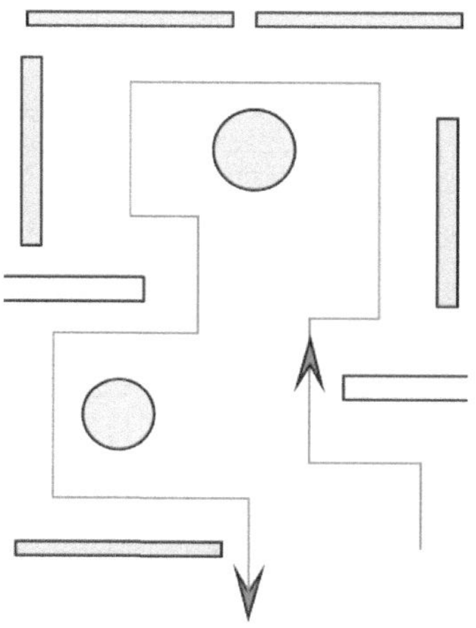

图 6－9　岛状分布动线设计

可以增加店铺的空间感，使店铺的视野更加开阔。如图 6－10 所示。

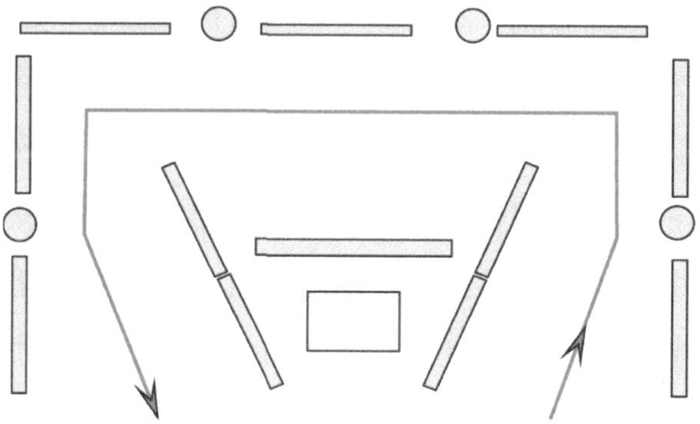

图 6－10　斜角动线设计

● 蛇形动线设计，利用挂通或货架将店铺分隔，引导顾客按照指定的路线逛完店铺，此种动线设计适合产品种类多、货架较多的卖场，如快时尚品牌店铺。设计好的蛇形动线可以引导顾客逛完店铺的所有角落，增加产品的曝光率，无形中也增加了顾客在店铺停留的时间，从而增大了顾客消费的概率。如图 6－11 所示。

③规划店铺动线时还要考虑到光线、色彩、顾客行走习惯等因素，如光线暗淡的地方会使人产生不安的感觉，因此人们喜欢朝着光亮的地

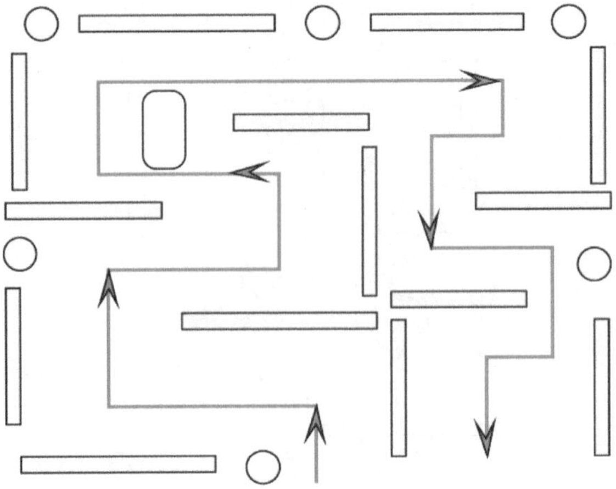

图 6－11　蛇形动线设计

方行走，在做动线规划时可以将店铺尾端的照明光线调至比店铺其他地方的光线明亮一倍，有利于吸引客户深入店铺的里端。色彩方面，暖色和亮色具有前进的效果，暗色与冷色具有后退的效果，因此在店铺尾端可以使用暖色及亮色的装修搭配，有利于引导顾客不知不觉地走向店铺的深处。顾客的行走习惯也是规划店铺时需要考虑的因素之一，我国的顾客一般习惯靠右行走，因此在规划动线时，右边的位置一般是顾客最容易注意到的地方，可以设计为重点货品的展示区，同时在右边的位置应当少设计拐角和障碍物，以便于顾客选择货品。

（4）橱窗陈列管理

橱窗是店铺的封面，也是顾客了解店铺的窗口，橱窗陈列对顾客的购买情绪有重要的影响，好的橱窗陈列既可以起到介绍产品、塑造店铺形象的作用，又是吸引顾客进店消费的直接方式。在进行橱窗陈列时，要注意以下几个方面的内容：

①橱窗陈列的产品选择。橱窗作为店铺的“门面担当”，陈列的产品也需要能够代表店铺的风格与特色。选择橱窗产品时，要先确定好陈列宣传的目的，是想体现店铺的形象还是推广促销产品。如果陈列的目

的是体现店铺的形象，要选择应季的并能够展现品牌形象优势的产品，可以选择产品中的经典款、潮流新款或者限量款。如果橱窗陈列的目的是为了推广促销产品，则要选择相应的促销产品进行陈列。选择橱窗陈列产品时还要考虑各展示产品之间的关联性，形成统一的橱窗基调。

②橱窗陈列技巧。

• 主题陈列。做橱窗陈列前，要提前构思好陈列场景，规划好陈列主题，如丛林主题、度假主题等，用陈列的产品和道具来烘托主题氛围，使顾客有身临其境的感觉，产生情感共鸣，从而增强对产品的认可度。如图 6 – 12 所示。

图 6 – 12　SKP 橱窗陈列

• 情景化陈列。这种陈列手法是将产品以某种情景画面来表现，通过模拟场景的方式来展示产品的外观或功能特点，这种陈列手法容易使客户产生联想，从而增强顾客的购买欲。如图 6 – 13 所示。

• 巧用留白。留白是中国艺术创作中常用的一种手法，指书画中为使整个作品画面更协调而有意留下一定的空间，让人产生更多的联想。在橱窗陈列中，适度的留白可以使视觉有侧重点，对陈列产品起到强调的作用。如图 6 – 14 所示，留白的空间将视觉中心引到模特上，使之成为视觉重点，让顾客更专注陈列产品。

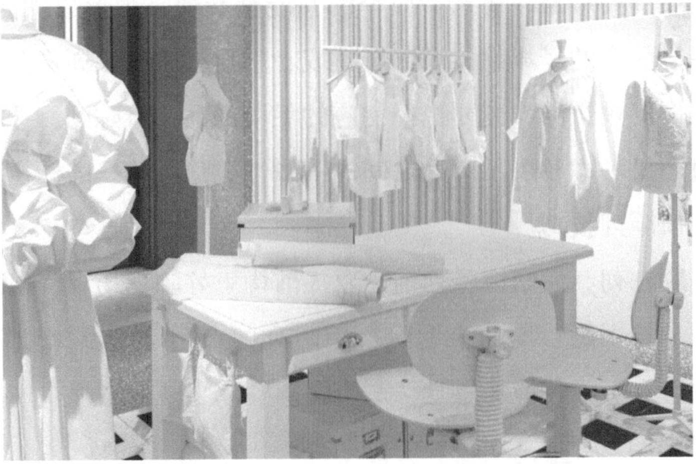

图 6－13　米兰 Valentino 橱窗陈列

图 6－14　巴黎老佛爷百货橱窗陈列

• 对比陈列。橱窗中的对比陈列是通过差异化的元素产生强烈的对比效果，如不同形态的模特、不同造型、差异化色彩的服装等。通过对比陈列，可以产生强烈的视觉冲击力，在吸引顾客注意力的同时又突出不同产品各自的特点，有利于增强顾客对产品的识别性。如图 6－15 所示，GUCCI 的橱窗陈列通过坐模与站模的形态对比及强烈的橱窗色彩对比产生强烈的视觉冲击力，给顾客留下深刻的印象。

图 6－15　巴黎 GUCCI 橱窗陈列

● 重复陈列。橱窗中的重复陈列是相同动态的模特，或者相同的色彩等元素重复出现，或者有规律的排列，达到吸引顾客注意的效果。如图 6－16 所示，巴黎 Canali 店铺橱窗运用相同造型的展示重复交替出现，形成秩序感，吸引顾客的目光。

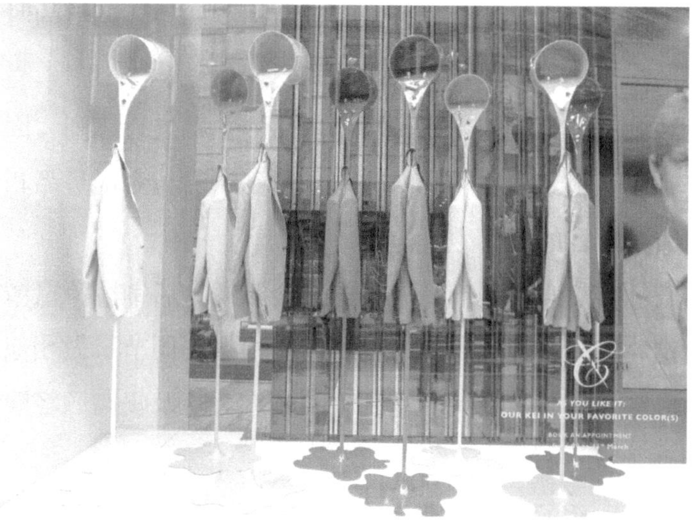

图 6－16　巴黎 Canali 店铺橱窗陈列

● 夸张陈列。夸张陈列是运用丰富的想象力，将想表达的陈列主题进行夸张表现，产生强烈的震撼效果，从而吸引顾客的注意。如图6－17所示。

巴黎 Louis Vuitton 的橱窗运用夸张的浮雕造型，形成强烈而震撼的视觉效果，让顾客产生好奇心理，从而对店铺产生兴趣。

图6－17　巴黎 Louis Vuitton 的橱窗陈列

③陈列时间。无论多么吸引人的橱窗陈列，如果长期不更换，也会使顾客产生厌倦心理，因此要适时对橱窗进行调整，调整的时间与以下因素有关：

● 货品波段。橱窗陈列通常根据货品的主题进行陈列，因此每一拨新款上市时都应规划相应的橱窗陈列，达到橱窗与店铺货品相呼应的目的，以增加对顾客的吸引力。

● 节假日。节假日是产品销售的黄金时期，店铺客流量激增，顾客更注重购物的氛围，因此店铺的橱窗需要根据不同节日做相应节日主题陈列，塑造良好的节日气氛，达到吸引顾客关注及提高顾客购物欲望的目的。

● 促销期。除了节假日促销外，在换季或者销售业绩不理想的时候，店铺也会做促销活动，这时橱窗陈列也应当配合店铺促销氛围，通过展示促销产品，并利用广告、海报等视觉手段向顾客传达店铺促销信息。

（5）产品盘点

店铺开始运营后，需要定期对店铺产品进行货品清点，通过货品盘点，店铺管理人员既可以及时掌握货品的流通情况，也可以加强对产品库存的管理，保证库存产品真实、准确。

盘点时间与盘点周期。店铺的盘点工作烦琐、耗时，盘点时最好选在客流量少的时段，或者选在营业结束后进行盘点。为了避免货物混乱，尽量避免在来货日盘点。店铺可以根据销售情况制订盘点周期。通常情况下，店铺中陈列出来的产品需要每日清点，一般在每天营业结束后由当班店员进行清点，看看是否有产品丢失，每日清点可以及时避免店铺资产遭受损失。一个月通常进行一次全面的盘点，核查库存，为定期的库存分析提供准确的数据支持。

盘点流程。首先由店铺管理者确定好盘点的日期，尽量选择不影响销售的时间进行盘点。接下来需要进行人员安排，管理者选择合适的盘点人员，另外还要制订盘点方案，确定好需要盘点的货物及预计完成时间，并提前打印好盘点资料。盘点当日，将资料下放给盘点人员进行盘点，盘点时要严格按照制订的盘点流程进行，任何环节出错，相关责任人都要承担相应的责任。盘点时需秉承细致、严谨的精神，力求做到准确无误。盘点完成后需要及时核对盘点结果，对有差异的产品进行复盘，确认无误后录入盘点数据。

附录 1

了解时装市场

一、时装市场细分

服装作为人们生活的必需品，是人类文明的载体。服装最初的作用是为了遮蔽身体与保暖护体，随着人类社会的发展，服装不仅体现了一个时代政治、经济、文化的风貌，也彰显了穿着者的品位与艺术修养。现代社会中，服装是美的体现，人们通过欣赏服装满足自己的审美需求；每个人都有自己独特的品位与爱好，对服装的需求自然也不同，这就造就了现代社会服装的多样化，成就了庞大的服装产业，吸引了无数人从事服装行业，从设计师、买手到终端销售员等。时装市场庞大，根据消费者需求的不同，将服装市场划分成与消费者欲望相匹配的市场。从大的方面划分，时装市场可以分为高级时装（Haute Couture）市场与成衣（Ready to wear）市场，成衣市场又包含许多子市场。时尚买手需要从一开始就确定是为哪个市场的消费者服务，不同市场的买手工作内容也不相同。

1. 高级时装市场

从 19 世纪末高级时装鼻祖查尔斯·弗雷德瑞克·沃斯（Charles Frederick Worth）在巴黎开设第一家高级时装店以来，高级时装产业开始在法国蓬勃发展，迎来了 20 世纪星光熠熠的新时代，出现了一大批如保罗·波列（Paul Poiret）、巴伦夏加（Balenciaga）、香奈儿（Chanel）、迪奥（Dior）、伊夫·圣·洛朗（Yves Saint Laurent）等优秀的设计师，他们用非凡的才华与精彩的设计推动高级时装这艘巨轮不断前进。高级时装根据客户的体型与需求进行量体定制，一人一版，面料精致，工艺考究，多为手工定制，价格昂贵；客户群体主要是那些能够承担得起奢华设计与高昂造价的商业巨贾或豪门贵胄。高级时装企业以设计师创造为主，引领时尚潮流，成衣买手们一般从各大品牌高级时装秀中获取流行趋势的信息。高级（定制）时装周只在巴黎举办，时间为每年的1月与6月，1月为春夏高级时装周，6月则发布秋冬高级时装。

2. 成衣市场

随着人们生活水平的提高，对服装的需求不断增加，量体定制高级时装已经无法满足消费者的需求；伴随着缝纫机的出现，一些时装店开始按照统一的号型标准进行服装批量生产，这些批量生产的服装被称为成衣。成衣按照设计、工艺及价格可以分为高级成衣和大众成衣。如图7－1所示。

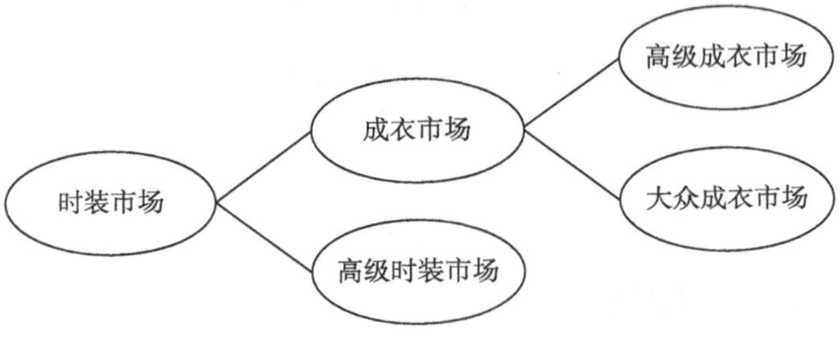

图7－1　时装市场分类

（1）高级成衣市场

为了满足更多的消费者，一些以高级定制为主的时装品牌推出了具有统一号型的高级成衣。相比成衣而言，高级成衣的设计精致、板型考究、面料和制作工艺讲究、有独特的品牌风格与理念，价格也介于高级时装与大众成衣之间。

高级成衣的客户群体明确，主要针对收入较高的高级白领或高级职员，并且每种服装产品都趋于低产量化以保证时装品牌的价值感。知名的高级成衣品牌有 MAC JACOBS、ARMANI、ISABEL MARANT、CELINE 等。高级成衣品牌也会一年举办两次服装发布会，全球很多城市都有自己的时装周，最负盛名的是巴黎、米兰和纽约时装周，分别在每年的二、三月份和九、十月份举办。如图 7－2 所示。

图 7－2　ARMANI 高级成衣时装周

高级成衣企业有专业的设计团队，每季的新产品发布会都会邀请买手参加。针对高级成衣市场的买手通常供职于大的百货公司或者独立的零售商，多数高级成衣品牌客户遍及全球，而每个国家的消费文化、客户喜好千差万别，这就需要高级成衣买手根据本地文化及消费者的特点选择合适的货品。

（2）大众成衣市场

高级成衣的数量少、价格高，无法满足绝大多数消费者的需求，在此基础上，催生了适合社会上大多数人穿着的大众成衣。相比高级成衣，大众成衣在设计上模仿高级成衣的潮流款式，但使用更廉价的面料和工艺，大批量的生产降低了成本，因此价格经济实惠，适合更广泛的消费者。大众成衣市场通常更新快速，随着流行趋势的变化不断推陈出新，大众成衣的产品开发工作通常由设计师和买手共同完成，再通过零售店和批发商及网络等进行分销，我们熟悉的 ZARA、H&M 都属于大众成衣品牌。

成衣市场按照不同属性又可以分为众多的子市场，按照穿着者的类别可以分为男装市场、女装市场和童装市场；按照服装功能又能划分为正装市场、休闲装市场、运动服市场等。不同市场的买手工作要求也有一定的差异，如女装市场时尚、更新快速，女装买手应具备更敏锐的时尚洞察力；童装买手更关注产品的舒适度与安全性；男装买手更注重产品的品质；运动服买手更关注服装的功能性。对目标市场的分析了解是买手工作的基石，也是进入买手行业首先需要开展的工作。

二、时装零售渠道

从高级时装开始，人们购买服装的渠道主要是去高级时装店定制。随着成衣业及商业的发展，百货商场和服装店成为人们购物的首选。近几年，互联网科技迅猛发展，网络购物逐渐成为消费者热衷的消费方式，当下服装的零售主要分为线上零售和线下零售。

1. 线上零售

随着网络时代的来临，互联网消费逐渐取代实体消费成为新的消费方式，互联网平台的产品也从最初的只拼价格、不注重品质向品牌化、高质化发展。各个网络购物平台群芳竞艳，以更多的货品选择、更便捷的购物体验、更优质的售后服务开启了服装零售的新时代。

（1）线上零售平台

国内的服装线上购物平台主要有天猫、淘宝、唯品会、京东、当当网等。每个平台各有千秋，淘宝的店铺为个人入驻，天猫的店铺则为企业入驻，进驻需要提供公司注册及产品质检报告等；唯品会的入驻商多为知名品牌，或知名品牌的代理商、经销商。据调查分析，唯品会与天猫相比，在品牌、服务和质量上略胜一筹，客户忠诚度最高。消费者方面，年收入10万元以上的消费者更倾向于在天猫与唯品会上购物，相比90后与00后，80后更倾向于在天猫与唯品会消费。国外的服装购物平台主要有EBAY、AMAZON、ASOS、ZALANDO、NE－A－PORTER等，其中ASOS为快时尚电商品牌，有专业的买手团队根据流行趋势、客户需求为平台甄选优质的供应商，NET－A－PORTER则是专注于奢侈品的电商网站。

（2）直播零售

直播零售是当下流行的销售模式，指借助抖音、快手等视频平台，由主播充当导购为用户介绍产品，既能动态地展示产品，又能与顾客现场互动。相比传统电商平台图片展示的方式，直播零售的销售更加场景化，购物体验感更佳。

（3）微商销售

微商是借助微信社交平台实现产品在社交范围内传播的销售渠道，主要有两种销售模式：一种是借助公众号或小程序等开放性的沟通渠道，主要适用于企业销售或者知名公众号，客户范围广；另一种是利用朋友圈宣传销售或建立微信群进行社群营销，主要适用于个人卖家或实体店铺的微信群，客户数量有限。

2. 线下零售

（1）百货商场

百货商场是我国传统的购物场所，其良好的购物环境、齐全的产品品种、贴心的服务和良好的商业信誉，使其成为线下服装购物的主要渠道之一，如北京的王府井百货、上海的华联、广州的广百百货等。根据客户群体的不同，百货商场可以分为高端百货、中端百货和低端百货。我国的百货商场主要以招商的方式吸引品牌商或经销商入驻，各个服装品牌或经销商负责本品牌的销售管理，商场对入驻的品牌进行统一管理，不同的产品按照楼层、区域统一划分。百货商场铺位一般采用出租或按照营业额提成的方式，也有的采用租金和营业流水相结合的方式，因此百货商场一般统一收银，将各店铺的销售额扣除租金或扣点后再返还给各商户。国外的百货商场通常是独立的零售商，并不会把商场铺位出租，而是直接采购品牌商的产品，经过运作后向顾客销售，国外的百货商场一般由自己的买手根据商场需求订购不同品牌的产品。

（2）购物中心

购物中心也称 SHOPPING MALL，是复合型多业态的商业中心，如广州的太古汇、北京的太古里、万达广场等，购物中心内也可能包含百货商场。购物中心一般采用出租的方式将店铺租给各个品牌商，收取租金和管理费，因此很少统一收银，对商户营业额的管控相对较少。购物中心的规模较大，通常集合了服装百货、餐饮娱乐、教育培训等商户，购物中心环境舒适、体验感佳，成为众多消费者逛街的首选。

（3）街铺

街铺服装店相比购物中心和百货商场中的品牌店，自由度更高，商场或购物中心的服装店入驻时需要提供品牌公司的证明或品牌授权经销证明，街铺则不需要；商场或购物中心只允许每个商铺销售一种品牌，而街铺店则可以售卖多个品牌，并且所有的促销宣传、日常管理、收银等工作都由店铺经营者独立完成，街铺的租方通常不会干涉服装店的管理。

（4）工作室销售

工作室销售的模式通常适用于独立设计师，新的时装品牌往往不具备雄厚的资金开设街铺或入驻购物中心。除了网络销售外，一般还会采用在工作室销售的形式，通过网络宣传等方式吸引喜欢品牌风格的消费者上门选购。

（5）超市折扣店

除了上述主要的零售渠道外，线下的服装还会在超市、折扣店等场所售卖。在超市与折扣店售卖的服装通常不强调流行，价格低廉，以实惠的价格和合格的品质吸引消费者。

（6）服装批发市场

不少批发市场不仅面对零售商，还直接面对消费者，因此也属于服装终端零售的一部分。众多的批发市场已经由原来的集会式批发市场改造为商城式批发市场，购物环境有了很大的改善，如广州的白马商场等。批发市场主要走低价位路线，客户群体主要以工薪族、学生、务工人员为主。

线上购物的普及，对实体经济产生了极大的冲击，越来越多的服装企业开始采用线上线下相结合的销售模式，以互联网为依托，运用大数据、人工智能等先进的手段对产品的生产、流通和销售过程进行升级改造，并对线上服务、线下体验及物流进行深度融合，提供更便捷、更舒适的购物方式。

附录 2

买手硬件知识

作为兼具艺术及商业性质的职业，买手从业者既要具备良好的艺术修养、审美情趣，也需要具备严谨的逻辑思维和分析能力。因此，企业对买手的职业素养要求往往高于对设计师的要求。一位优秀的买手需具备以下职业素养：

（1）具有良好的艺术修养、时尚审美及敏锐的时尚洞察力

良好的审美品位及对时尚的敏锐把握是买手应具备的基本素质。因此，买手应该具备服饰搭配、色彩及服装美学的相关知识，以及良好的审美情趣。

（2）扎实的服装专业知识

买手在组织货品的过程中，不仅涉及产品的选择、成本的控制，还需要对产品的生产进行跟踪。因此，时尚买手需要具备扎实的服装专业知识，包括服装搭配、服装板型、服装材料及工艺、生产流程等多方面知识，才能够在工作中游刃有余。

（3）数据分析能力

买手不单单是依靠好眼光去帮助企业采购货品。采购之前，需要有客观数据作为采购计划的有力支撑；采购后，也需要对产品的各项数据进行追踪与分析，对从服装色彩、尺码到各个款式的销售状况、利润空间等数据进行分析总结，为下一季度的采购提供数据支持。

（4）市场预测及分析能力

买手需要对市场和流行有很强的判断分析能力，包括消费者市场、产品市场、渠道现状和趋势等，通过对现有市场的分析来对未来市场做出判断，以便实现产品利润最大化。

(5) 谈判与沟通能力

买手不仅要在适当的时间为企业买到好产品，更重要的是能够以最合适的价格买到好产品，这样才能实现利润最大化。买手在工作过程中，需要跟供应商、设计师、工厂、销售部、陈列部、财务部等协同工作，因此买手需要有良好的沟通能力。此外，买手在采购过程中需要和供应商谈判，因此也要具备一定的谈判议价能力。

时装买手需要具备扎实的服装知识，虽然不需要像设计师一样做产品设计，但需要对服装专业知识，如色彩、面料、款式等方面有深度的了解，才能够应对工作中遇到的各种问题，为企业挑选到合适的货品。

一、买手色彩理论

色彩作为服装的三要素之一，是最先映入消费者眼帘的要素，也是最能够引起消费者注意的要素。专业买手需要具备丰富的色彩知识，善于进行色彩组合，这样才能把握好整盘货的色调及不同款式之间的色彩搭配。

1. 色彩基础

生活中，我们会看到不同色彩的物体，红色的毛衣、绿色的鞋子等，而这些色彩并不是物体本身固有的，自然界中所有物体的颜色都是反射光波和吸收光波的结果。所有颜色都由红、黄、蓝三种颜色组成，这三种颜色既相互独立又相互影响，互相混合能够产生不同的颜色，红和黄混合得到间色橙色，黄和蓝混合形成间色绿色，红和蓝混合形成间色紫色，这些颜色再进行混合又能形成更多的颜色，因此红、黄、蓝三色也被称为色彩的三原色。如图 8－1、图 8－2 所示。

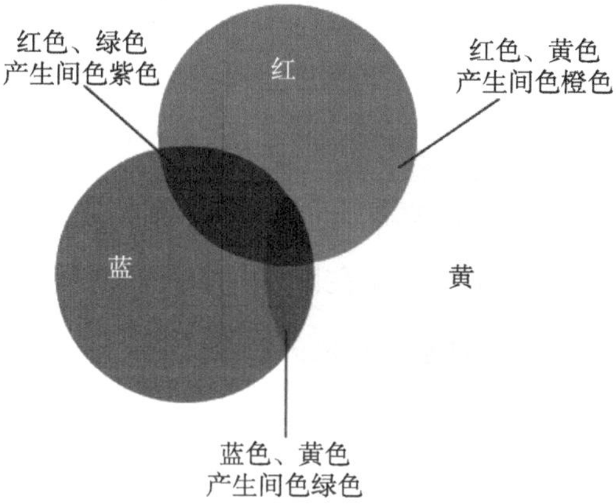

图 8－1　颜料三原色

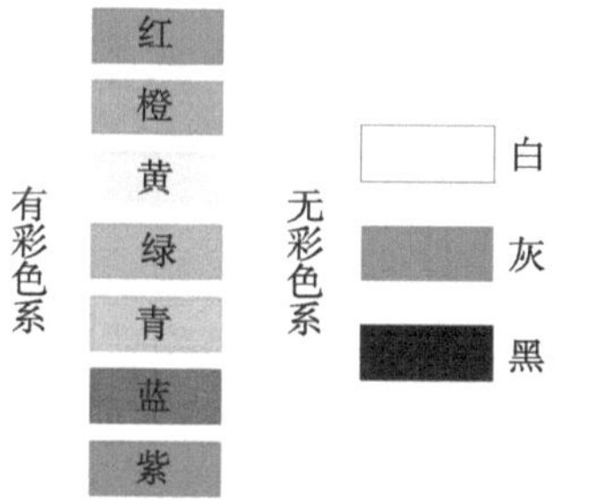

图 8－2　有彩色及无彩色（彩图见书尾插图）

2. 色彩的分类及要素

（1）色彩主要分为无彩色和有彩色两大类

无彩色指黑、白、灰三色；有彩色指红、绿、黄等颜色。无彩色系是最好搭配的颜色，买手在做货品规划时，每个系列都需要按照一定比例将无彩色和有彩色进行搭配，这样既可以起到调和色彩的作用，又能增强系列的节奏感，同时在货品上架时也能让终端店铺的陈列看起来层次分明。

(2) 色彩体系

不同地区使用不同的色彩体系，常见的色彩体系有奥斯瓦尔德色彩体系、瑞典自然色系 NCS、孟赛尔色彩体系及日本色研所色彩体系 PCCS，如图 8－3 所示。其中，奥斯瓦尔德色彩体系（奥氏色彩体系）是建立最久远的色彩体系，NCS 是受奥氏色彩体系的启发，加以改良后相对简单易懂的色彩体系，现在在欧洲应用比较广泛。孟赛尔（孟式）色彩体系是在美国常用的色彩体系。在我国和日本则通常使用日本的 PCCS 色彩体系。这些色彩体系都采用色相、明度、饱和度结合的树形结构。

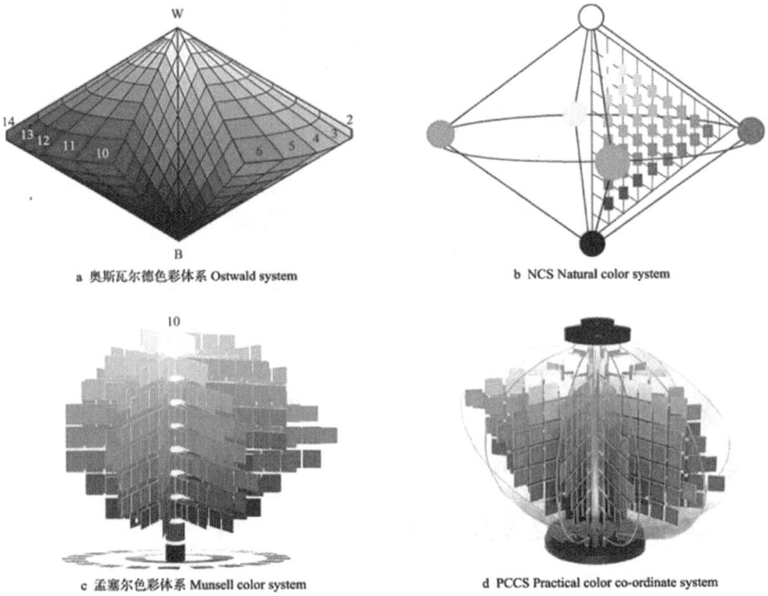

a 奥斯瓦尔德色彩体系 Ostwald system　　b NCS Natural color system

c 孟塞尔色彩体系 Munsell color system　　d PCCS Practical color co-ordinate system

图 8－3　色彩体系

(3) 色彩三要素

每种色彩都具备色相、明度、纯度三种基本属性，即色彩三要素。

色相。顾名思义，就是色彩的相貌，即色彩的外观特征。我们平时说的不同颜色，如蓝色、粉色、绿色等就是不同的色相。如图 8－4

所示。

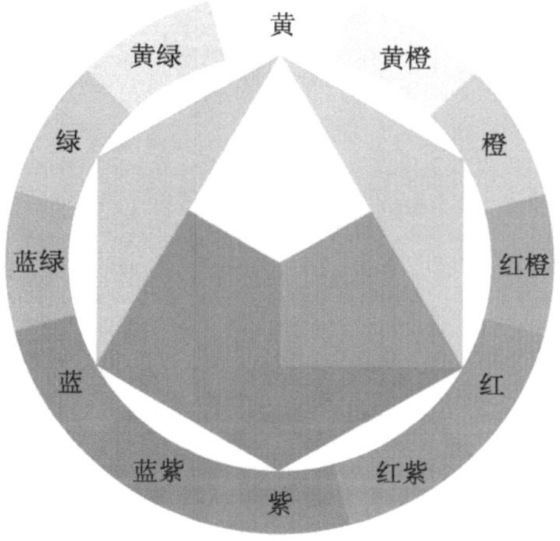

图 8－4　12 色相图（彩图见书尾插图）

明度。色彩明度是指色彩的明亮程度，色彩中含白越多，明度就越高，看起来也就越明亮。相反，色彩中含黑越多，看起来越暗，明度也就越低。根据孟赛尔色彩体系，按照由黑到白把明度等差分成九个色阶，即“明度九调”，如图 8－5 所示。

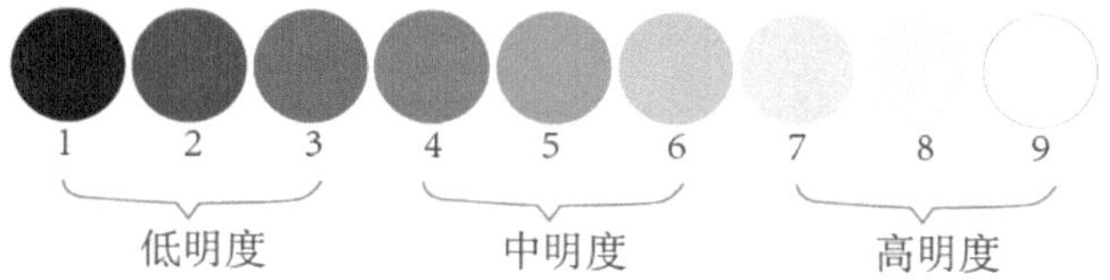

图 8－5　明度阶梯

无论无彩色系还是有彩色系，都可以按照此法分成九调，即 1～3 色阶为低调、4～6 色阶为中调、7～9 色阶为高调。高调色带给人纯洁、明亮、柔软、轻盈的感觉，适合作为春夏季的色彩；中调色给人朴素、平静、中庸、沉着的感觉；低调色则带来厚重、凝重、严肃的感觉，常常被选为秋冬色彩。买手可以根据每季定好的主题基调来选择相应的色彩，如图 8－6 至图 8－8 所示。

图 8－6　高明度货品组合（彩图见书尾插图）

图 8－7　中明度货品组合（彩图见书尾插图）

纯度。纯度也叫饱和度或彩度，指色彩的鲜艳程度，纯度越高，色彩越鲜艳，纯度越低，色彩越暗淡。最高纯度是没有其他色彩的纯色，随着纯度的降低，色彩会越来越暗淡，最低纯度是无彩色的灰色。高纯度的色彩给人华美、艳丽的视觉效果，使人兴奋；中纯度的色彩基调比较饱满、柔和，可以让人长时间的注视；而低纯度的色彩比较低调、耐看，使人产生更多的联想。不同纯度等级的服装搭配在一起，给人带来不同的视觉效果。纯度等级差小的颜色搭配时，如高纯度与高纯度的色

图 8－8　低明度货品组合（彩图见书尾插图）

彩相配鲜明，对比强烈，搭配时一定要注意技巧，比较适合运动装、童装等，如图 8－9 所示。中纯度与中纯度搭配显得年轻、优雅，如图 8－10 所示。而低纯度与低纯度搭配则显得淡雅、神秘，如图 8－11 所示。纯度等级差大的颜色搭配，对比鲜明、韵律感更强，如图 8－12 所示。

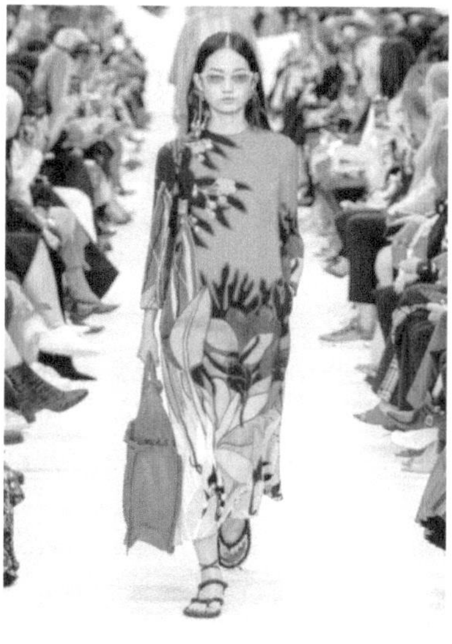

高纯度与高纯度的色彩搭配能产生很强的视觉冲击力，使人产生兴奋、刺激、色彩鲜明的感觉。搭配时一般加入无彩色，如黑、白、灰进行调和，显得更加和谐。

图 8－9　高纯度搭配（彩图见书尾插图）

中纯度的蓝色搭配中纯度的橘色显得高贵、神秘、典雅，给人年轻华丽之感。

图8－10　中纯度搭配（彩图见书尾插图）

低纯度的粉色与低纯度的紫色搭配，纯度差小，对比相对较弱，显得淡雅、柔和，给人浪漫温柔的童话感。

图8－11　低纯度搭配（彩图见书尾插图）

低纯度的灰色与高纯度的红色搭配，形成鲜浊色调的强烈对比，层次鲜明，动感力强，摩登十足。

图8-12 高纯度与低纯度搭配（彩图见书尾插图）

色彩对比搭配。自然界中的颜色变化丰富，红、黄、蓝三原色是最基本的原色，原色是其他颜色调配不出来的。

把原色互相混合，调配出间色，即橙、绿、紫三间色，也被称为“二次色”。在调配时，由于原色在分量上有所不同，能够产生出丰富的间色变化。原色和间色相调，或者间色和间色相调即可以得到复色。如黄和橙调和得到橙黄，黄和绿调和得到黄绿，绿和蓝调和得到蓝绿，蓝和紫调和得到蓝紫，紫和红混合得到红紫，红和橙混合得到橙红。按照此法再次进行混合便可以得到如图8-13所示的24色色环。

同类色。色环上相差15度的颜色为同类色，同类色的色相非常相似，例如红色和泛红的橙、紫色与泛蓝的紫等。同类色是对比最弱的色彩，搭配后给人温和、安静、含蓄的美感，但不足之处是显得单调乏味，因此搭配时往往通过明度或者纯度拉开，以产生丰富的节奏感。如图8-14所示。

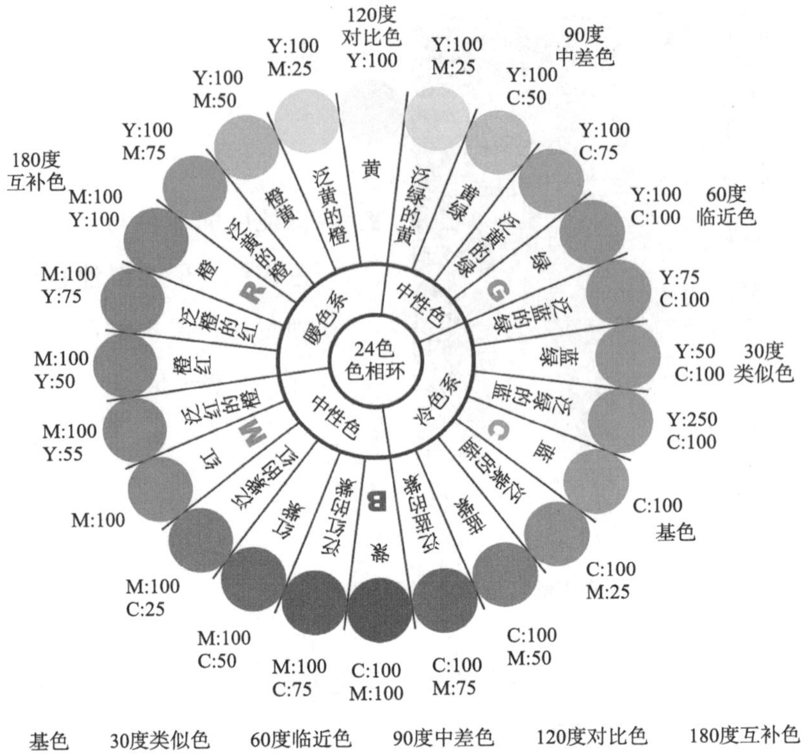

图 8－13　24 色色环（彩图见书尾插图）

同类色的搭配由于色相相同，具有稳定、安全之感。如果明度、纯度上没有变化，就会产生乏味感。可以通过改变明度或者纯度增加对比度，产生丰富的视觉效果。同样是深海蓝色，但是裙子的明度高于上衣，产生对比，搭配起来节奏感更强。

图 8－14　同类色对比（彩图见书尾插图）

类似色。色环上相差30度的颜色称为邻近色，如蓝色的类似色有泛绿的蓝、泛紫的蓝和蓝紫色，红色的类似色为泛紫的红、紫红、泛红的橙和橙红。类似色的色相对较弱，相互之间搭配比较安全，容易取得和谐理想的效果。由于类似色的色相之间有变化，相互搭配也能产生生动明快的层次感。如图8－15所示。

红色和紫红色类似色的搭配，相互映衬、互相融合，既有色相上的变化，又有相同的冷暖性质，生动又不失华丽感。

图8－15　类似色对比（彩图见书尾插图）

邻近色。色环上相差60度的颜色称为邻近色，如蓝色的邻近色为绿色、紫色，黄色的邻近色为绿色和橙色，黄绿的邻近色为蓝绿和橙黄。邻近色的色相彼此近似，冷暖性质一致，色调统一和谐。选择邻近色搭配时，一方面要把握好两种色彩的和谐，使之相互融合；另一方面还要注意两个邻近色在明度和纯度上要有一定的区别，这样才能相得益彰。如图8－16所示。

中差色。色环上相距90度左右的颜色称为中差色，如黄色和蓝绿色、红色和蓝紫色、蓝色和黄绿色等。中差色的色相区分鲜明，对比明显，搭配能产生明快、活泼之感。如图8－17所示。

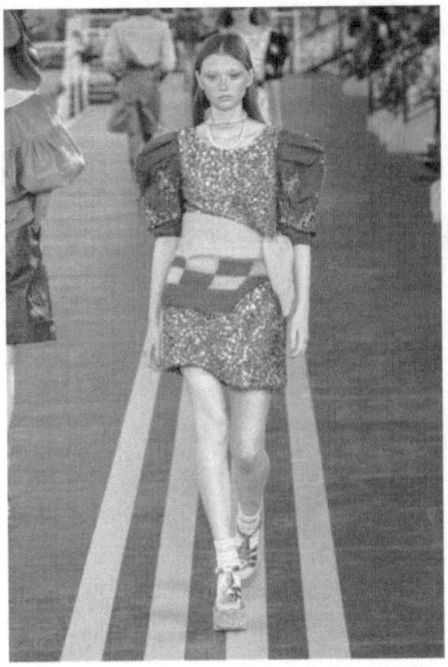

邻近色虽然属于弱对比范畴，但色相上对比清晰、干净利落。黄色与绿色的对比，色相对比明显但不凸兀，给人活泼、生动的感觉。

图 8－16　邻近色对比（彩图见书尾插图）

中差色属于色彩的中对比，色相区分鲜明，橙色与绿色的对比，色相对比鲜明、跳跃，有朝气蓬勃的感觉。中差色的颜色对比活泼灵动，常常运用于运动装、少女装和童装的色彩搭配。

图 8－17　中差色对比（彩图见书尾插图）

对比色。色环上相距 120 度左右的颜色称为对比色，如红色和黄色、蓝色为对比色；绿色和紫色、橙色为对比色。对比色搭配产生对立感，效果强烈、醒目、丰富，但在和谐度上稍显不足，搭配时应该加入一些调和手段进行调和。如图 8－18 所示。

这是典型的对比色搭配，高纯度的红色与蓝色相配，对比强烈、炫目，上衣和裙子的面积相似。因此在上衣上加入装饰扭花，一方面增大了红色的面积，另一方面增加了穿插元素，使整体搭配效果摆脱生硬，更加和谐。对比色搭配非常挑人，因此买手在运用对比色搭配时一定要掌握好节奏。

图8－18　对比色对比（彩图见书尾插图）

互补色。色环上相距180度的色彩为互补色，如红色和绿色、蓝色和橙色、黄色和紫色。互补色之间的对比最强烈，具有刺激、炫目的效果，搭配不好会显得生硬和粗俗，所以进行互补色搭配时，往往会运用一些方法进行调和。如图8－19所示。

红色和绿色的互补色搭配形成了很强的视觉冲击力，互补色搭配是最吸引眼球的配饰，同时也是最容易使人产生不适感的搭配。图中的短上衣和长裙形成了面积差，调和了红色和绿色搭配的生硬感，形成了夺目但不粗俗，华丽却不凸兀的视觉效果。

图8－19　互补色对比（彩图见书尾插图）

色彩调和方法。进行对比色或者互补色搭配时，由于色彩过于强烈，往往需要加入以下一些调和手段使视觉效果更和谐。

①增大面积差，增大或者减小其中一种颜色的面积，这样颜色变为辅色后，加大面积差，视觉效果会趋于和谐。如图 8－20 所示，虽然是高纯度的红色和绿色搭配，少量的红色与绿色，形成强烈的面积差，使得整个画面看起来不仅不生硬，反而活泼生动。

②增加或者降低一种颜色的明度或者纯度，或者同时改变两个颜色的明度或者纯度，以达到和谐统一的视觉效果。如图 8－21 所示，深红色大衣与墨绿袜子搭配，同时降低了红色和绿色的纯度，以达到和谐统一的视觉效果。

③加入无彩色系进行调和，在互补色或者对比色中加入无彩色系黑、白、灰，可以起到调和色彩的作用，使原本生硬刺激的效果变得和谐，富有节奏感。如图 8－22 所示，面积相似的绿色和红色对比中加入黑色的背心和条纹元素，起到无彩色调和作用，使整个画面鲜明，富有冲击力的同时又不失流畅协调。

图 8－20　增大面积差（彩图见书尾插图）

图 8－21　改变明度或者纯度

图 8－22　加入无彩色系进行调和

色彩的情绪。各种色彩都有独特的性格，这是因为色彩能够唤醒人们自然的、无意识联想，从而使客观存在的色彩仿佛有了复杂的情绪，如红色的热情、绿色的清凉、金色的华丽等。买手需要掌握好色彩的性格才能为企业在不同的时节，根据消费者的性格偏好组织到热卖的货品系列。如万物复苏、生机勃勃的春季适合明亮、温馨的暖色调；而浅淡混浊的冷色调与夏季人们期待清凉的碧海蓝天相似，因此这些色彩在夏季大受欢迎；在秋季，浓郁、浑厚的暖色调与丰收成熟的景色相似，因此金黄色、卡其色、橘色等通常被用作秋季的色彩；鲜艳浓重的酒红、墨绿等色调与冬季的蜡梅、松柏相似，因此这些色彩在冬天备受青睐。不同的色彩有不同的性格倾向，买手掌握好色彩的特性后能够利用色彩组织出不同情绪基调的货品。

喜悦喜庆的货品基调。在每季的货品组合里都少不了红色的身影，并且买手通常需要在圣诞节、春节、情人节等特定节日推出特定的红色系列。红色在传统中是富贵吉祥的颜色，代表着喜悦、热情、甜蜜与爱情。同时，红色又是富有攻击力的色彩，喜欢红色的人往往是性格乐观开朗、精力旺盛的行动派。买手在组合节日货品时，可以尝试用红色与金色相配。如图 8 –23 所示，华丽的金色与喜庆的红色相互衬托，配合其他无彩色系，呈现出喜悦吉祥的货品基调。

生机与希望的货品基调。提到希望，人们脑海里大概能浮现出绿色，因为它与自然界中生命的颜色最接近，绿色的树木、绿色的小草，都是生命力的象征。春天迸发出的新绿，是生命在萌芽，希望在生长，因此绿色是最接近希望的颜色。黄色作为太阳的颜色，其效果是明朗、乐观的，黄色带给人们温暖与活力的感觉。如图 8 –24 所示，绿色与黄色搭配，不同明度与纯度的黄绿交相呼应，营造出生机勃勃的氛围。

甜美温柔的货品基调。说到甜美，我们一定能想到粉色，粉色是典型的女性色彩，跟带有狂热感情的红色不同，粉色是弱化了的红色、美

图 8－23　喜悦基调货品组合（彩图见书尾插图）

图 8－24　希望与生机货品组合（彩图见书尾插图）

化了的白色，带有柔软与顺从的感觉。买手可尝试将粉色与白色组合在一起，粉色会显得更加清新娇嫩。如图 8－25 所示。

深邃忧郁的货品基调。蓝色是最冷的颜色，是天空和大海的色彩，也是永恒的象征。人们在凝视大海与天空的时候，心情通常是宁静的，宁静过后会有一丝落寞与忧郁，因此蓝色的英文 BLUE 常代表忧郁的心

图 8－25　甜美基调货品组合（彩图见书尾插图）

情和状态。蓝色像是万鸟翱翔后的天空和千帆过尽后的大海，宁静、深邃、纯粹又遥远。如图 8－26 所示，冷色调的相互搭配增强了蓝色的忧郁感。

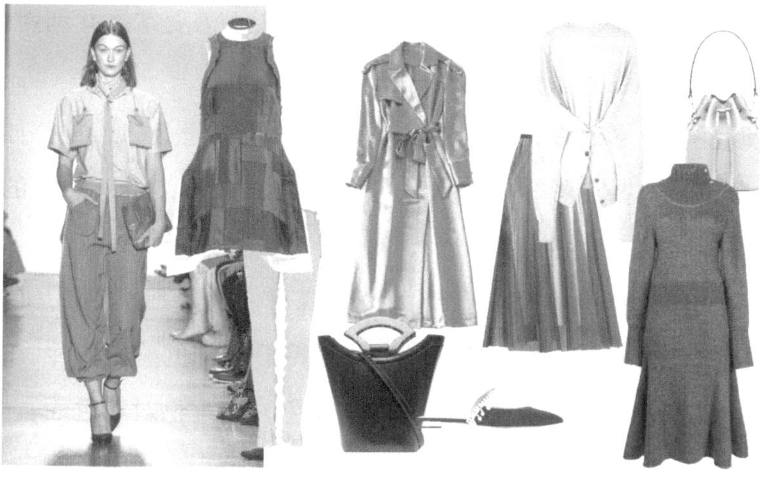

图 8－26　深邃忧郁基调货品组合（彩图见书尾插图）

浪漫优雅的货品基调。紫色被称为优雅和浪漫之色，同时又是光波最短的颜色，是自然界中比较少见的颜色，因此紫色被看作是稀有高贵的颜色。淡紫色的浪漫不同于粉色甜美式的浪漫，带有高贵神秘之感，而深紫色则魅力十足，带有难以探测的华丽之感。如图 8－27 所示。

图 8－27　浪漫优雅基调货品组合（彩图见书尾插图）

色彩除了以上的特点还具备其他的心理特性，如冷暖性、软硬性、膨胀与收缩性、前进与后退性等。买手在选择货品时，并不是选择单独一款货品，而是需要将单品互相搭配，因此买手需要掌握并利用色彩的这些特性搭配出具有吸引力的货品。

冷暖性。色彩的冷暖性是指色彩带给人们心理上的感觉，如红色、橙色、黄色，这些色彩容易让人联想到阳光与火焰，给人温暖的感觉，因此被称作暖色，暖色给人积极、兴奋、阳光的感觉；而蓝色、绿色、紫色，这些颜色容易使人联想到大海、森林、冰川等，给人凉爽的感觉，因此被称为冷色，冷色给人镇静、寒冷、压抑的感觉。冷暖色是相对而言的，如紫色相对于蓝色而言，是暖色，而紫色对红色而言则是冷色。冷暖倾向一致的色彩搭配在一起显得和谐统一，冷暖色倾向不同的色彩搭配则会对比强烈，有较强的视觉冲击力。图 8－28 同是暖色的搭配，温馨和谐，给人温暖的感觉；图 8－29 中大衣虽然是皮草质感，但是冷色调的绿色和灰紫色给人清冷的视觉效果；图 8－30 中冷色调的蓝色在暖色调的黄色中相互映衬，对比鲜明，显得格外跳跃，引人注目。

图 8－28　暖色调的搭配

图 8－29　皮草质感

图 8－30　蓝黄搭配

柔软与坚硬性。柔软与坚硬不一定需要通过面料的质感来表现，利用色彩也可以表现出这些性质。明度高且纯度低的色彩给人柔软、柔和的感觉，低明度、低纯度色彩则表现出坚硬感。如图 8－31、图 8－32 所示，同样材质的服装，暖色调给人柔和、柔软的感觉，而冷色调的蓝绿色比较之下增加了几分坚硬感。

图 8－31　暖色调

图 8－32　冷色调

膨胀与收缩性。利用色彩能产生膨胀与收缩感，就如我们熟悉的法国国旗由红、白、蓝三色构成，视觉上红、白、蓝三色比例是相等的，但实际上各颜色的比例是有差异的。据说，法国国旗的红、白、蓝三色条纹，开始设计宽度完全相等，但当升到空中后，感觉显得不等了，最后经过研究才知道这与色彩的膨胀和收缩感有关，当三色比例调整到红35、白33、蓝37时，视觉上才感觉宽度相等了。从上面的数字可以看出，蓝色的面积最大，因此蓝色的收缩感最强，其次是红色，因为收缩和膨胀与色彩的色相与明度都有关系，在视觉上暖色有膨胀感，冷色有收缩感，高明度的色彩有膨胀感，而低明度的色彩有收缩感。如图8－33、图8－34所示，同样是A形廓形，白色裙子具有膨胀感，而低明度的紫色连衣裙使人看起来更纤细。因此买手挑选货品时，对于高明度有膨胀感的货品，要看看设计上有没有一些细节的点缀来中和膨胀感，使穿起来更加协调。

图8－33　白色裙子具有膨胀感

图8－34　紫色连衣裙具有收缩感

前进与后退性。色彩位置相同的情况下，由于色相明度不同，造成远近不同的视觉差，形成前进感和后退感。明度高的色彩和暖色具有前进感，而低明度的色彩和冷色则让人感觉后退。图8－35明度高的红色具有前进感，图8－36的低明度黑色仿佛离你很远。

图8－35　明度高的红色具有前进感

图8－36　低明度的黑色具有后退感

色彩学是一门专门的学科，买手虽然不用进行专业的色彩研究，但需要了解各种色彩的特性与搭配，才能在选择货品时对产品的色彩做出判断，为系列产品选择货品时可以根据色彩知识搭配出和谐的色调。

二、服装面料及常规保养

面料作为服装的载体，影响服装的穿着感和外观，因此时装买手需要掌握一定的面料知识，了解面料的特性及其保养方法，才能为企业选到舒适正确的货品。

1. 面料的分类

(1) 面料织造分类

由于织造方法不同，面料可以分为梭织物、针织物和非织造物。

梭织物，指在织布机上由互相垂直的经纬纱按照一定规律交织而成的织物，如牛仔布、雪纺布等都属于梭织面料。梭织面料的纱线布局稳定、布面平滑，悬垂时不会产生弛垂的现象。相比针织物而言，梭织物纱线编织精密、耐洗性好，比针织物更适合印花工艺。

针织物，指在针织机上，线圈按照一定规律相互穿套形成的织物，如常见的罗纹布、毛巾布等都是针织织物。针织物的延展性和透气性都很好，便于活动，是运动装和家居服常用的面料，而且针织物的回弹性好，不容易产生褶皱，不足处是针织面料在久穿或者洗涤后容易起毛球，针织物的面料组织相对松散，容易勾线和磨损。

非织造物，指的是将纤维或者纱线按照成网或定向铺置，经过机械黏合而形成的织物，也就是无纺布。无纺布具有拒水、透气、柔韧等特性，易于分解，环保。

（2）面料纤维分类

根据纤维成分不同，面料可以分为天然纤维和化学纤维。天然纤维，指从自然界中提取的纤维，如从植物中提取的棉、麻，以及现在流行的竹纤维，这些纤维称为植物纤维。从动物中得到的毛、丝等称为动物纤维。

化学纤维，指天然或人工合成的化合物，经过特殊处理得到具有纺织性能的纤维。化学纤维又包含再生纤维和合成纤维两大类。再生纤维是将天然纤维再加工得到的，如我们常见的人造棉等；合成纤维是纯化学合成的纤维，如腈纶、涤纶、氨纶等。如图 8 – 37 所示。

（3）面料季节分类

不同厚度和特性的面料，适合不同的季节和不同的服装，例如丝绸服装不适合冬季穿着，皮革服装不适合夏季穿着。以下按照季节，根据面料特性进行归类。

春夏季常用面料。春夏季的面料有棉、麻、丝及一些再生纤维，如

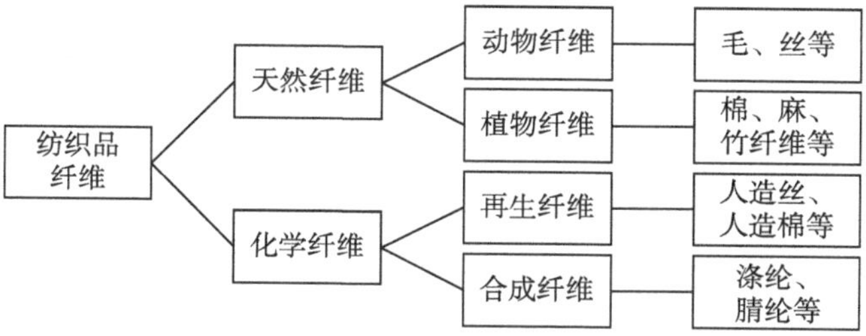

图 8－37　纺织品纤维分类

色丁、雪纺等。

①棉。棉是各类棉纺织品的总称。棉的主要特性有柔软、舒适、手感好，透气性和吸湿性都不错，但纯棉织物的缩水率比较大且容易发霉和被虫蛀。在春夏季的服装中经常能看到棉织物的身影，常见的棉有纯棉、涤棉、精梳棉、水洗棉、莱卡棉、冰棉、网眼棉等。

表 8－1　棉的类别

类别	成分	特性	适用款式
纯棉	棉	以棉花为原料织成，保暖、吸湿、耐热、耐碱、光泽柔和、手感柔软	纯棉用途广泛，适合做时装和休闲装，如衬衫、内衣、T 恤、连衣裙、家居服等
精梳棉	棉	也叫精梭棉，织得比较精密的棉布，可以很好地防止起球，吸水性强，透气性好，易洗易干	精梳棉比纯棉贵，经常用作内衣、袜子、高档衬衫、连衣裙等
涤棉	涤纶、棉	涤和棉的混纺，比精梳棉容易起球。相对于纯棉来说，比较柔软，不易起皱，吸湿性比纯棉差	涤棉常用来做工装、卫衣、风衣、裤子、夹克、半身裙等
水洗棉	棉/聚酯	水洗棉以棉布为原料，表面色调、光泽更加柔和，手感更加柔软，并在轻微的皱度中体现出几分旧料之感，具有不易变形、不褪色、免熨烫的优点	水洗棉自带做旧效果，可以用来做外套、连衣裙、半身裙、衬衫、裤子等

续表

类别	成分	特性	适用款式
莱卡棉	氨纶、棉	莱卡棉是氨纶和棉的混纺，手感柔软，延展性和回弹性都很好，不易起皱	莱卡棉有弹力，穿着舒适，常用来做运动服、瑜伽服、内衣、打底裤等
冰棉	棉/聚酯	冰棉就是在棉布上加了个涂层，具有薄透气、凉爽等特点。冰棉的手感光滑柔软，表面有自然褶皱，穿在身上薄而不透	冰棉适合做女士的连衣裙、七分裤、衬衫、半身裙等，穿起来别有一番风味
网眼棉	棉	网眼棉是经过特殊织法，表面有小孔的棉布。种类有纯棉网眼布、丝光棉网眼布等，手感舒适，吸湿透气，弹力和垂感颇佳	网眼棉常用来做 T 恤、背心、运动服等
丝光棉	棉	丝光棉选择高档的棉为原料，经过加工后既保留了棉柔软舒适、吸湿透气等优点，又增加了面料的光泽性，提高了染色性，色泽鲜亮，不易掉色	丝光棉价格昂贵，常用来做商务衬衫、POLO 衫、T 恤等

②丝。丝织品可以分为天然丝织品和人造丝织品，天然丝织物又可以分为桑蚕丝和柞蚕丝。桑蚕丝的手感细腻光滑，色泽光洁优雅；柞蚕丝的色泽暗淡，外观比较粗糙。丝织品与皮肤之间有良好的触感，吸湿、透气性好，轻盈滑爽，价格昂贵，常用来做夏天的衣物。根据经纬线编织方法、加工工艺不同，天然丝绸可以分为纺、绉、缎、绫、纱、罗、绒、锦、绡、葛、绢、绸、绨等。

人造丝是丝质的化学纤维，相比真丝而言，人造丝的价格低廉，但手感比真丝硬，比真丝耐磨，亲水性好，透气性不如真丝。如表 8－2 所示。

表 8－2　春夏常见的丝织面料

名称	外观	特性/用途
电力纺		电力纺具有真丝的特性，透气吸汗，有抗静电性，并且手感柔软，质感轻薄但不透明，垂感没有其他真丝面料好。电力纺的外观有淡淡的丝光效果，轻盈美丽，不会像真丝缎那么华丽 用途：适合做夏季的连衣裙、衬衫、半身裙、裙裤、裤子等
乔其		乔其又称为乔其纱或乔其绉，质感轻薄，表面有细小褶皱，飘逸透明，手感柔软并且富有弹性，透气性和垂感都很好 用途：乔其适合做连衣裙和上衣，由于质地轻薄透明，通常需要加里布
顺纡		顺纡面料的起皱效果好，外观柔美，手感柔软，透气性能好，顺纡质地轻薄透明，质感朦胧，飘逸动人，有淡淡的暗哑光泽 用途：顺纡面料通常用来做上衣及连衣裙和半身裙，由于质地透明朦胧，需要配合里布制作
塔夫绸		塔夫绸的绸面细密光滑，平整美观，柔而平挺，薄而丰满，有华丽的光泽感，手感坚挺而柔软，但是压折后容易产生永久性的折痕，因此不宜折叠和重压。 用途：塔夫绸外观华丽，通常用来制作礼服

续表

名称	外观	特性/用途
双绉		双绉是绉类的丝织物，表面有细腻的皱纹，光泽柔和，手感柔软，亲肤和透气性好，抗皱性好 用途：双绉通常被用来做夏季的衬衫、背心、连衣裙等
素绉缎		素绉缎的手感柔滑，表面有自然的光泽，细腻，悬垂性佳，兼具抗皱和缎面织物的柔滑特点 用途：素绉缎光泽性好，外观华丽，常用作衬衫、裙装和礼服的面料
雪纺		雪纺外观清淡雅洁，质地轻薄，手感柔滑且富有弹性，悬垂性和透气性都很好，穿着飘逸，不易起球，不易褶皱 用途：雪纺在夏季用途广泛，常用作连衣裙、上衣、外披、半身裙、裤子等的面料
绡	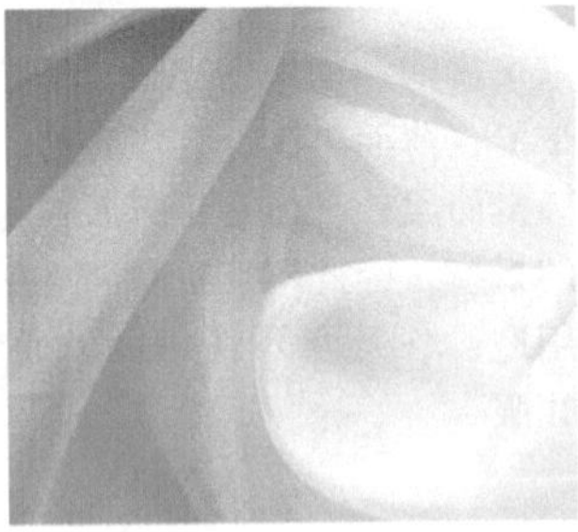	绡的织物密度比较稀疏，质地硬而薄，透明朦胧，手感平整，织物上的孔眼清晰 用途：绡的质地较硬，一般用来做夏季的外套、裙装和礼服等

续表

名称	外观	特性/用途
提花绸		提花绸上有织出的图案，平挺滑挺，手感细腻，纹理别致 用途：提花绸一般用来做旗袍、礼服、外套等

③麻。麻是从各种麻类植物中提取的纤维，服装用的麻类织物主要有苎麻和亚麻两大类。麻类织物的耐磨性好、易散热，透气性和吸湿性佳，穿戴舒适，挺括滑爽，不沾身，不容易产生静电，适合用来制作夏季的衣物。麻纤维经常与不同纤维混纺织出混纺类织物，如棉麻混纺、丝麻混纺、毛麻混纺等，这些织物既保留了麻类植物的挺阔感，又增加了其他织物的优点，被广泛应用于各类服装。如表 8－3 所示。

表 8－3　麻织物的分类

品类	外观	特性/用途
亚麻		亚麻的散热性佳，干爽，不起静电，吸湿性好，亚麻织物还有一定的抑菌效果，因此被广泛应用于夏季的服装与家纺中 用途：亚麻织物适用于制作衬衫、上衣、连衣裙、半身裙、裤子等

续表

品类	外观	特性/用途
苎麻		苎麻织物在外观上有较好的天然光泽，透气、凉爽，出汗不沾身，不易变形，吸湿性好，同时苎麻还有抗菌抗蛀、不易发霉的特点 用途：苎麻织物适合制作苎麻T恤、衬衫、连衣裙、袜子等
棉麻混纺	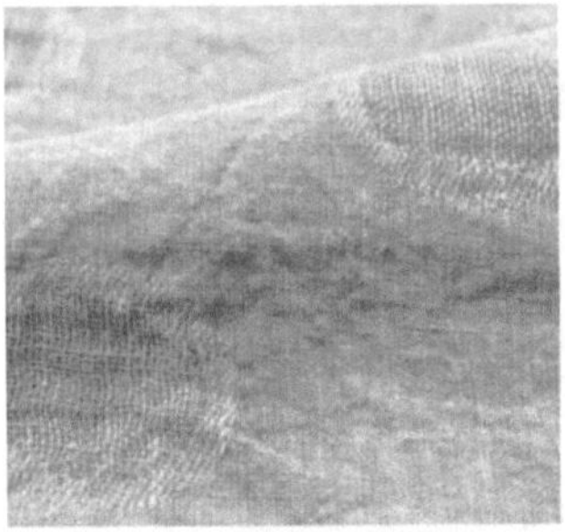	棉麻混纺织物是棉和麻按照一定比例混纺得到的纺织产品，棉麻织物的手感柔软，透气性和吸湿性俱佳，亲和肌肤，不易变形，不起球 用途：棉麻织物适合做夏季的衬衫、T恤、连衣裙、裤子、背心等
丝麻混纺		丝麻织物兼具丝和麻的优点，外观挺括，手感顺滑，亲肤力强，同时又轻薄透气，有光泽感 用途：丝麻织物通常被用来制作夏季的小西装、连衣裙、衬衫等
毛麻混纺	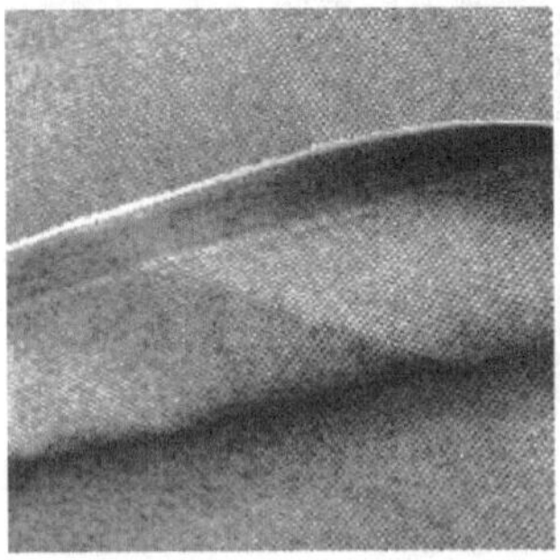	毛麻织物是毛和麻按照不同比例混纺制成的织物，具有手感挺括，平整顺滑，弹性好等特点 用途：毛麻混纺织物一般被用来制作套裙、套装、外套、马甲等

秋冬季节常用面料：

①棉织物。秋冬季节的面料需要有良好的保暖效果，因此秋冬季通常选用毛、棉、皮革等面料。适合秋冬季节棉织物的克重比春夏季的重，保暖性佳，适合冬季的棉质织物有卡其布、灯芯绒、罗纹布、毛圈布、牛津布、牛仔布等。

②毛织物。毛类织物在秋冬季也备受青睐，毛类织物是指由驼毛、羊毛、兔毛等动物毛及毛型化纤为原料制成的织品。毛织品可分为精纺、混纺和呢绒三大类。就织物的表面特征而言，通常有光面、呢面和绒面三大类。光面的主要是精纺制品，表面光洁，平整，挺括，滑爽，弹性足；呢面织品主要是混纺织品，表面有一层细腻的绒毛，质地丰满，手感柔然，保暖性好；呢绒类的面料多为羊毛纤维，吸湿性佳，多为深色。如表8－4所示。

表8－4　秋冬季的毛织物分类

名称	外观	特性/用途
粗花呢		粗花呢是粗纺类的呢绒面料，质地厚实，外观高雅，表面有短绒，手感软硬适中，花色丰富 用途：粗花呢主要用来做秋冬的大衣、西装和夹克
哔叽	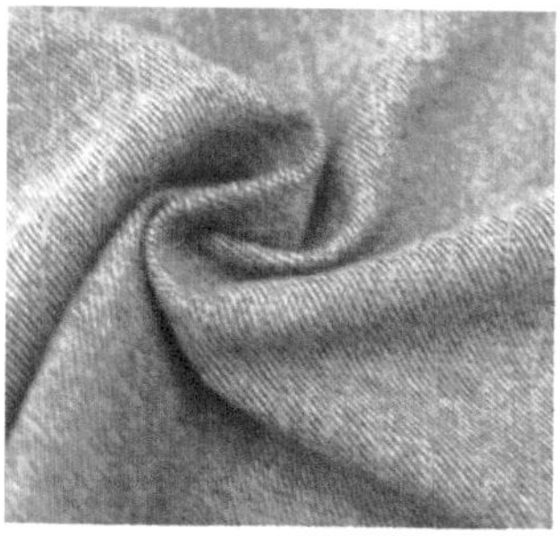	哔叽是精纺类的中厚毛织物，分光面哔叽和毛面哔叽。光面哔叽呢面细洁，手感柔软；毛面哔叽表面有短小绒毛，质地坚牢 用途：主要用来做秋冬季的夹克、裤子、裙子等

续表

名称	外观	特性/用途
华达呢		华达呢是精纺毛织品的一种，表面有斜条纹，呢面平整光洁，手感厚实，色泽柔和，耐磨实用 用途：华达呢多用来做风衣、制服等
海军呢	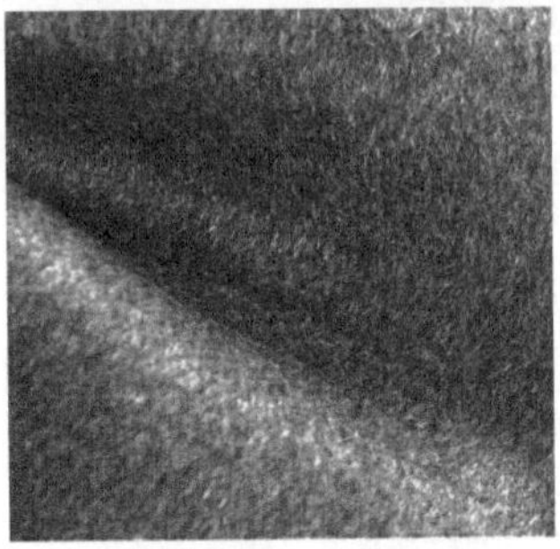	海军呢又称为制服呢，是粗纺毛织品中品质较好的一类，质地紧密，身骨挺实，弹性好，呢面光泽自然，细洁匀净 用途：海军呢常用来做秋冬类的各式外套、夹克、中长短大衣、制服等
麦尔登	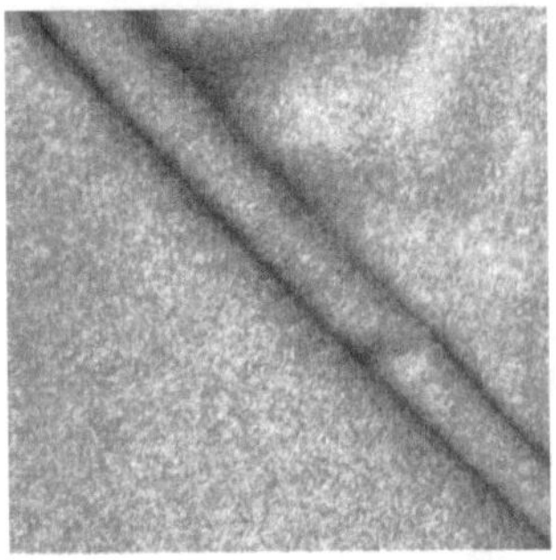	麦尔登是常见的粗纺毛织品，表面细洁平整，富有弹性，呢面有细密的绒毛，色泽自然，保暖性和耐磨性俱佳 用途：麦尔登适合做冬季的套装、大衣、夹克、裤子、鞋帽等
法兰绒	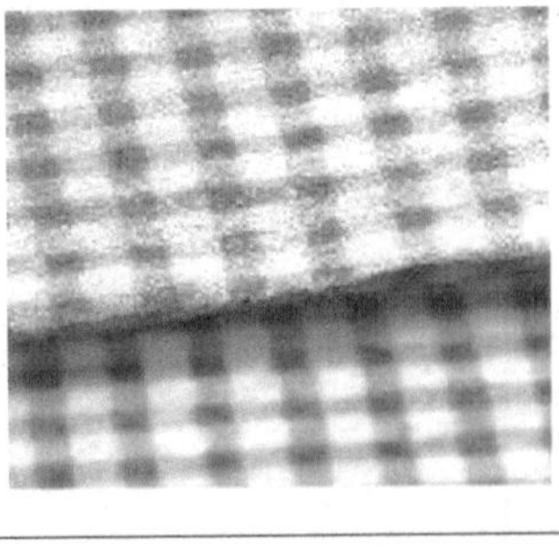	法兰绒是表面有毛绒且手感柔软的粗纺毛织物，色泽素净大方，质地厚实，手感丰满，绒面细腻，保暖性好 用途：法兰绒适用于做西裤、上衣、家居服，薄型的法兰绒也可以做衬衫、裙子等

续表

名称	外观	特性/用途
海虎绒	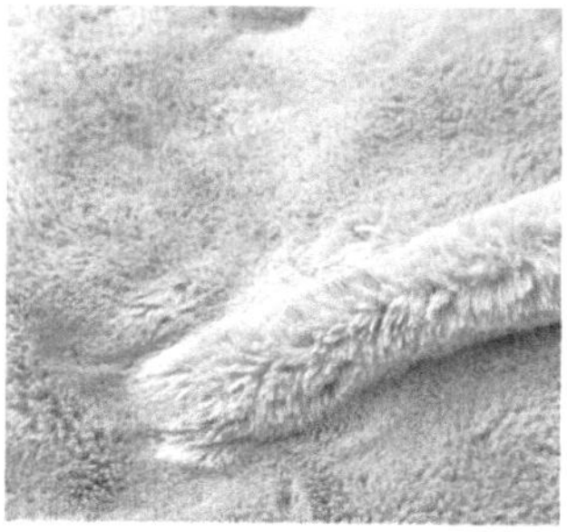	海虎绒又称长毛绒，绒面蓬松，丰满平整，富有光泽，弹性和保暖性都很好 用途：海虎绒常用来做外套、衣服、衣领及帽子等

③皮革。皮革材料是秋冬服装经常选用的面料，不同种类的皮革手感和外观不相同，常用的皮革有猪皮革、牛皮革、羊皮革、马皮革、袋鼠皮、鳄鱼皮等。如表 8 –5 所示。

表 8 –5　皮革分类

名称	外观	特性/用途
猪皮革	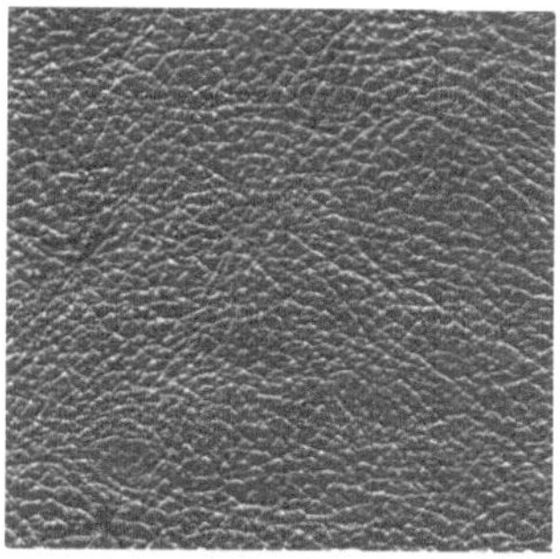	猪皮革的皮质粗糙，革面凹凸不平，透气性比牛皮革好但弹力欠佳 用途：猪皮革主要用来制作鞋类、帽子
牛皮革	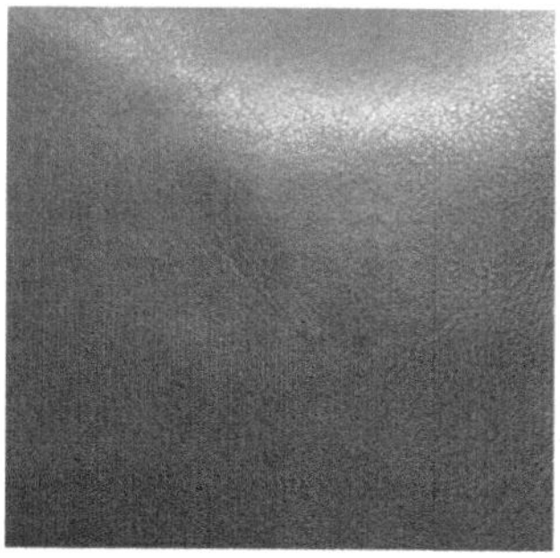	牛皮革表面光滑平整，坚实紧密，皮质较硬，光泽度佳，耐磨性好，透气性好 用途：牛皮革主要用来制作鞋类和皮包、运动上衣、夹克、大衣等

续表

名称	外观	特性/用途
山羊皮革	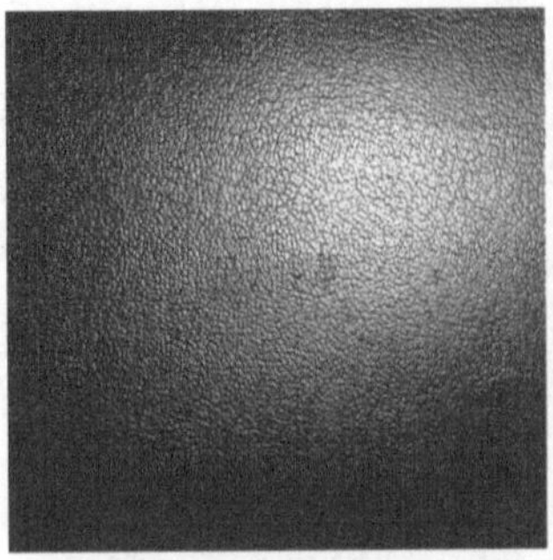	山羊皮革较薄，组织紧密，纹理清晰，光泽度好且柔韧、透气，但价格较贵 用途：山羊皮适合做外套、包袋、鞋子等
绵羊皮革		绵羊皮革皮质轻薄，手感光滑而细腻，毛孔细小，皮面均匀，延伸性和弹力较好，但不耐磨，是一种高档皮革 用途：绵羊皮广泛应用于服装、手套、鞋、帽、包袋等
马皮革	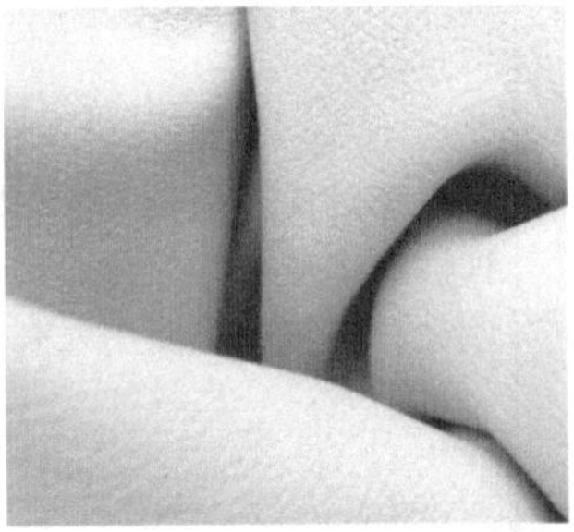	马皮革皮质稍粗，皮质坚硬，表面毛孔呈波浪式排列 用途：常用来制作鞋类
人造皮革	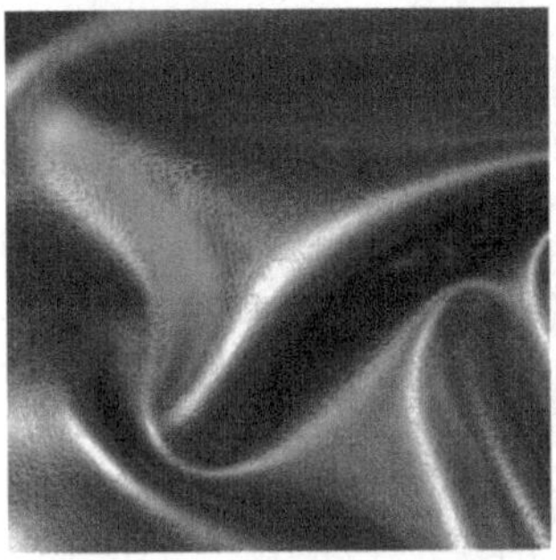	人造皮革是在布基上经过 PVC 或者 PU 发泡或者覆膜做成的，花色品种繁多，防水性好，价格实惠，但手感和弹性没有真皮好，透气性较差 用途：人造皮革适用于做各类时装、鞋、包等

2. 织物的鉴别与保养

（1）棉织物的鉴别与保养

随着科技的发展，棉织物的种类越来越丰富，纯棉与涤棉在外观和手感上越来越相似，但仍有一些差别，主要通过观察、触摸和燃烧法来辨别。外观上，涤棉织物比纯棉织物的色泽鲜艳，如果是印花织物，涤棉织物正反面的色差比纯棉织物正反面的色差小。触感上，纯棉织物的手感柔软但不光滑，涤棉织物手感更为顺滑。鉴别是否为纯棉也可以用燃烧法来辨别，纯棉织物燃烧后边缘松软，有灰黑色的灰烬，灰烬呈粉末状；涤棉织物燃烧后先收缩后融化，边缘变硬，出现手可以捻碎的黑色硬块。如图 8－38 所示。

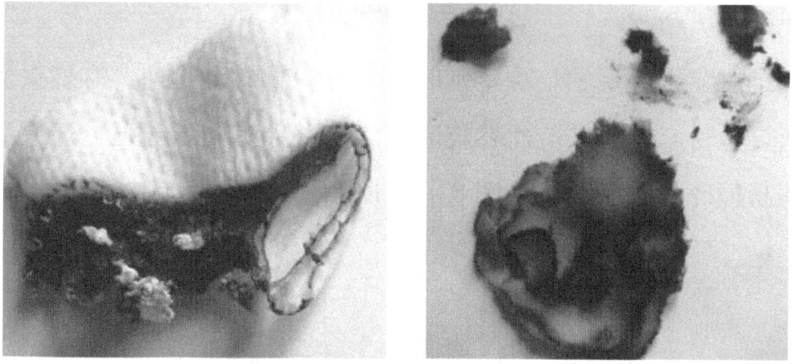

图 8－38　燃烧法辨别棉织物

纯棉衣物可以手洗或者机洗，洗涤水温不宜过高，以免出现黄色汗斑。为避免染色，深色衣物和浅色衣物需要分开洗涤。深色棉织物洗涤时浸泡时间不宜过长，避免织物褪色。棉织物的纤维弹性较差，排水时不宜大力拧绞，以免织物走形，脱水后平整晾干，避免暴晒。此外，纯棉织物在潮湿环境中易发霉，所以应该保存在干燥的衣柜中。

(2) 丝织物的鉴别与保养

丝织物可以通过数码鉴别、感官鉴别和燃烧法鉴别。

数码鉴别。丝绸产品的数码一般由五位数组成，第一位数字代表织物所用的原料，1 代表真丝即桑蚕丝或桑蚕丝占 50% 以上的柞桑交织品，2 代表合成纤维织物，3 代表天然纤维与短纤维混纺织物，4 代表柞蚕丝织物，5 代表人造丝，6 代表两种原料以上的交织织物，7 代表被面类织物，买手可以根据数字区分丝织品的成分。

感官鉴别。真丝织物给人舒适柔和的视觉感，手感与触感也是无与伦比的。视觉上，真丝织物的光泽柔和文静，色彩自然不刺眼，而人造丝光泽明亮，有刺眼的光泽；手感上，真丝质地柔软细腻，真丝织物相互揉搓可以发出特殊的丝鸣声，而人造丝的手感略粗硬。真丝织物用手攥紧放开后会有少量褶皱，但不明显，而仿真丝攥紧放开后会有不宜拉平的死褶。

燃烧法鉴别。用燃烧法鉴别时，真丝织物燃烧迅速，有烧头发的味道，灰烬呈粉末状，人造丝燃烧时有火苗并伴有塑料味道，熄灭后会有黑色不易捏碎的块状物。如图 8－39 所示。

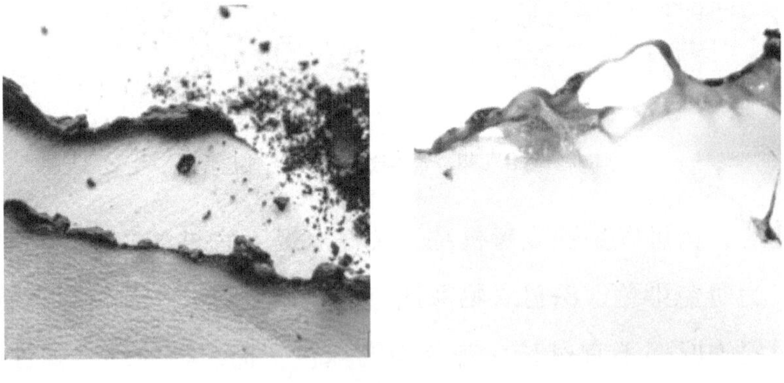

图 8－39　燃烧法鉴别丝织物

真丝织物比较娇贵，耐酸不耐碱，因此需要用酸性或中性洗涤剂洗涤。洗涤时，需要用 30 度以下的水轻柔手洗，洗完后选择通风处晾干，避免暴晒，以免影响丝织物的色泽。真丝的耐磨性差，因此要避免与坚硬的物体摩擦。

（3）麻织物的鉴别与保养

麻织物一般用燃烧法鉴别，燃烧后有烧植物的味道，灰末呈浅色。麻织物的洗涤要求基本与棉相同，浸泡时间不宜过长，水温不宜过高，使用中性洗涤剂洗涤，麻织物对酸很敏感，因此要避免接触酸性洗涤剂。洗涤时不宜强力揉搓以免起毛；晾晒时，应将衣物拉平，避免暴晒以免织物褪色。

（4）毛织物的鉴别与保养

可以用燃烧法鉴别纯毛织物，纯毛织物燃烧后火焰呈橘红色，有烧指甲的味道，燃烧后灰呈粉末状。纯毛织物水洗容易收缩，一般建议干洗。如果水洗，建议使用中性洗涤剂清洗，水温不宜超过 30 度，洗涤时间不宜过长，洗涤后用挤压的方法去除水分，在阴凉通风处晾干，避免暴晒。

（5）皮革的鉴别与保养

鉴别皮革可以用摸、嗅、烧等方法，真皮革手感柔软，丰满而富有弹性，向下弯折时回弹力好，弯折时产生的折纹粗细、多少不均匀，人造革手感像塑料，弯折时回弹力差并且产生的折纹粗细相似。天然的皮革能闻到一股皮革味，人造皮革一般是塑料味，没有皮革的味道。天然皮革燃烧后有一股烧毛发的味道，燃烧后用手捏呈粉末状，人造革燃烧时有很强的塑料味，冷却后结块。皮革清洗时需要用专用的清洗剂，皮革本身的天然油脂随着使用时间的增加而逐渐减少，因此需要定期擦油保养，皮革制品应避免雨淋和在潮湿的环境中存放。

三、时装风格及款式

服装风格反映了一个时代、一个流派、一个民族或个人的价值取向和艺术特色。对服装企业来说，服装风格能够表现出设计师的创作思想和买手的艺术追求，风格也体现着产品创造者对生活的感悟及倡导的价值观。一个成功的品牌，一定是具备独特风格并将之不断地传承下去，才能吸引越来越多青睐此风格的消费者。对于买手型的服装企业，买手尤其要把握好品牌已经确立好的服装风格，在延续企业服装风格的基础上选择合适的货品。

1. 常见的服装风格

①田园风格。田园风格是一种崇尚自然，摒弃繁复装饰，追求舒适、淳朴的服饰风格；穿着此风格的服装，能够给人带来舒缓、平静、返璞归真的心理享受。田园风格的服装通常采用天然材质的面料，如棉、麻、毛、丝等，色彩主要为大自然中提取的颜色，如白色、米色、绿色、黄色、橘色、蓝色等，色彩清新自然又富有朝气，通常选取印花、格子、条纹等图案。造型上以宽松舒适的廓形为主，便于活动，适合休闲穿着。

②街头风格。街头风格是起源于 HIP – HOP 文化运动的服装风格，具体可以分为嘻哈风、滑板风、运动风。嘻哈风的服装主要表现为超大尺寸的廓形，夸张的涂鸦图案，色彩对比强烈，带有叛逆和玩世不恭的感觉。滑板风具有潇洒随性的特点，服装宽松但不过于宽大，搭配富有

层次感，服装上常印有个性涂鸦图案，搭配板鞋，显得帅气潇洒。街头运动风格主要指休闲运动的穿着搭配，如防水材质的外套、连帽衫、多口袋的细节等都是街头运动风格的特点。

③时尚商务风格。时尚商务风格主要指适合工作及商务场合穿着的服装，设计上简约不繁复，注重细节设计，面料品质出众，注重板型及工艺。色彩多以纯色为主，款式合体大方，简约又不失时尚感。

④波西米亚风格。波西米亚风格汲取了波西米亚、吉卜赛等民族的元素形成一种现代民族风格。款式上表现为宽松的上衣、披肩、喇叭裤等随性休闲的廓形，色彩运用撞色形成视觉对比，图案上通常选用大朵印花或彩色条纹，工艺上常用层叠的花边堆积，皮质流苏或绳结元素呈现出自由洒脱、随性不羁的风格。

⑤朋克风格。朋克风格是一种追求个性、叛逆、无拘无束的精神表现，正如朋克之母薇薇安·韦斯特伍德（Vivienne Westwood）以她的名字命名品牌一样，朋克风格代表张扬、不羁与小众。红色与黑色是朋克服装最常用的颜色，材质上喜欢选用皮革、铁链、金属铆钉等，工艺上常选用拼接、破碎、穿孔等。在图案上，朋克风格常选用带有暗黑风格的骷髅头图案等涂鸦。

⑥中性风格。中性风格的服装弱化了服装的性别因素，在板型、廓形和细节上，无论男女都可以轻松驾驭。廓形上，为了弱化女性的特征，造型棱角分明，线条利落简洁，以直线条宽松的板型为主，色彩多采用柔和的中性色。细节设计上注重工艺，多用直线条代替曲线来增加女性帅气高雅的魅力，面料选择广泛，但不使用女性味太浓的面料，如品牌 MARC JACOBS、CALVIN KLEIN 等都是中性风格的杰出代表。

⑦前卫风格。前卫风格是新奇多变，善于打破传统、造型富于幻想、潮流另类的着装风格。前卫风格在款式上打破传统审美，款式结构

夸张，注重不对称设计，对比强烈，注重装饰；色彩上，前卫风格青睐高明度及高纯度的色彩，倾向多色混合搭配，色彩对比强烈，视觉冲击力强；前卫风格的服装在材质选择上中意新潮并带有科技感的光泽面料，注重面料的表面装饰；前卫风格的服装在图案上多选择锐利、夸张、怪诞、冲击力强的图案，颇有反叛的意味，如意大利的 MOSCHIN-IO 就是前卫风格的代表。

⑧经典风格。经典风格与前卫风格相反，相对来说比较保守，不太受流行左右，追求严谨而高雅，面料考究。廓形上经典风格的服装衣身大多对称，廓形以直筒为主，色彩上以蓝色、酒红、咖啡等沉静高雅的古典色为主，面料一般选用高档的精仿面料，工艺精致、细节考究，代表品牌有 ARMANI、MAX MARA 等。

⑨民族风格。民族风格带有强烈的地域特点，多将民族元素与现代时尚相结合，色彩浓烈，对比鲜明，廓形相对宽松，较少使用分割线；民族风格的服装注重工艺，多用刺绣、珠片、流苏、滚边、印花等装饰。常见民族风的品牌有美国的 ANNA SUI、法国的 CHRISTIN LAC-ROIX、意大利的 MISSONI 等。

⑩运动风格。运动风格的服装廓型宽松，穿着舒适，大多使用插肩袖，喜欢使用块面分割和条状分割；面料大多使用棉、针织等功能性天然纤维面料；色彩明快，富有朝气，多使用中差色和对比色搭配。代表品牌如 POLO、SPORTMAX、NIKE 等。

⑪高街风格。高街风（HIGH STREET）是近几年流行起来的一种快时尚风格，风格体现为休闲、潮流、个性，代表着一种快时尚趋势，即用快时尚品牌的单品搭配出潮流时髦的造型。在高街风格中，时尚潮人们还喜欢用平价单品与时尚大牌进行混搭，展现自我个性。常见的高街品牌有 ZARA、TOPSHOP、RIVER ISLAND、H&M 等。

2. 服装品类划分

服装品类的划分方法多样，可以根据性别、年龄、产品线组合、功能等划分。服装产品根据性别可以划分为男装、女装及男、女均可穿的中性装；根据年龄可以分为童装、成人装，童装按照不同的年龄段可以分为婴幼童装、小童装、中童装和大童装；按照产品线组合，服装可以分为连体装、套装、衬衫、T恤、外套、背心、半身裙、裤子；功能性的服装按照用途可以分为潜水服、登山服、宇航服、消防服等。

买手需要搞清楚不同的品类及常用的服装款式，才能在工作中与专业的服装技术人员沟通顺畅，避免工作失误。以下按照产品线组合进行如下款式细分：

（1）衬衫/上衣（Blouse/Shirt）

衬衫在古代西方是作为内衣穿的，而在现代社会，衬衫是一种适合内外穿着并且舒适柔软的上衣，下装可以搭配裙子或者裤子。如今衬衫的款式丰富多样，通过细节部分的设计如领子、袖子、板型等创作出变化万千的款式。如表8－6所示。

表8－6　衬衫/上衣分类

种类	图片	特征
系带式衬衫（Tie shirt）		此类衬衫一般在领口处有两根带子，可以打结或者系成蝴蝶结，板型可以是修身款也可以是宽松款。面料选择多样，一般选用棉麻材质或者丝质面料

续表

种类	图片	特征
腰裙式衬衫（Peplum shirt）		此类衬衫的特点是在腰部有小腰裙的设计，小腰裙可以是拼接而成，或者一片裁成进行抽褶
猎装式衬衫（Safari shirt）		猎装式衬衫通常采用棉麻质地，肩部有肩袢，胸前有口袋，袖子通常挽起强调休闲的风格
荷叶边衬衫（Ruffle shirt）		此类衬衫在领子或者下摆处有荷叶边的设计，面料选择广泛，通常选用棉麻质地或者丝质材质
围裹式衬衫（Wrap shirt）		围裹式衬衫采用斜襟式设计，前后两片相互重叠，一些款式有带子，可以在侧面打结，此类衬衫给人带来慵懒随性之感

续表

种类	图片	特征
男友风衬衫（Boyfriend style shirt）		顾名思义，是像男朋友的衣服一样宽大的衬衫，通常是棉麻或涤棉材质，穿着起来宽松休闲，一般在里面搭配吊带或打底衫

（2）外套

外套就是穿在外面的服装，包括夹克、西装等，款式多种多样，不同的款式在廓形、长度、细节方面都有独特的设计。如表 8－7 所示。

表 8－7　外套分类

分类	图片	特征
休闲西装（Blazer）		休闲西装是适合在休闲场合穿着的西装，可以是单排扣或者双排扣，相比正式西装而言，休闲西装在材质选择上更多样，色彩上也异彩纷呈，可以是单色也可以是多色的。在搭配上也选择广泛，可以搭配牛仔裤、裙子等
香奈儿式外套（Chanel style）		香奈儿式外套指沿用了香奈儿经典的元素，款式为无领对襟，面料上以粗花呢面料为主，工艺上常采用镶边工艺。下身搭配可选择半身裙、休闲裤和牛仔裤等

续表

分类	图片	特征
夹克式外套（Jacket）		夹克是由中世纪的夹克衫演变而来的，长度到腰，宽胸围，紧下摆，紧袖口的短外套。夹克面料选择广泛，可以是薄的棉、麻，也可以是厚的毛呢。男女都可穿着，易于搭配，可以搭配牛仔裤、休闲裤、裙子等
精致西装（Tailored jacket）		精致西装是指板型合体，做工精致，面料考究，设计经典，收腰有翻驳领的西装外套，一般搭配西裤、裙子
卫衣（Sweat shirt）		卫衣源于纽约冷库工作服的一种服装样式，面料一般采用棉质面料，板型宽松，有套头式和开襟式，面料舒适，便于活动，融合了时尚与舒适，适合各个年龄段的消费者。卫衣便于搭配，可配运动裤、休闲裤、牛仔裤、裙子等
冲锋衣（Out door jacket）		冲锋衣是户外运动时穿着的一种轻便防水的功能性外套，面料防水透气，穿着舒适，易于活动，有单衣也有加绒款，一般搭配休闲裤、运动裤穿着

(3) 连衣裙/连体裤

连衣裙和连体裤统称为一片式(one piece),即上衣和下装连在一起的服装样式,连衣裙的造型变化多样,面料选择广泛,是女性夏季首选的服装样式之一。根据造型细节的不同,可以细分为表 8-8 所示的款式。

表 8-8 连衣裙/连体裤分类

名称	图片	特征
衬衫式连衣裙(Shirt dress)	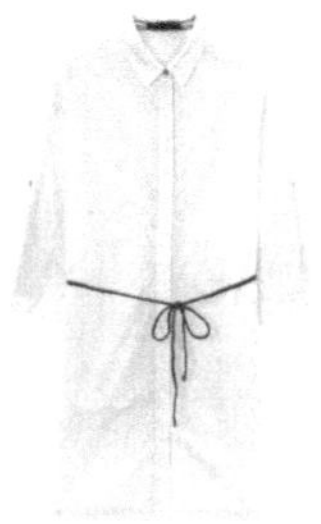	衬衫式连衣裙是源于衬衫廓形的裙装,板型宽松,有典型的衬衫领和袖口,面料一般采用棉麻材质,前开襟,腰部有抽绳或者配腰带来修饰腰身,衬衫裙穿着方便,款式干练,适合多种场合穿着,可以搭配打底裤、马甲、外套等
风衣式连衣裙(Coat dress)		风衣式连衣裙借鉴风衣的设计特点,采用坚固的面料,前身通开扣,通常配有腰带,腰部和背部有打褶修饰腰形,造型干练,简洁大方
抹胸连衣裙(Strapless dress)		抹胸连衣裙是无肩带的裹胸式连衣裙,胸腰部贴体收腰,简单实用,是夏季很受欢迎的裙装,可采用多种面料制作,穿着时通常搭配马甲、小西装等外搭

续表

名称	图片	特征
围裹式连衣裙 (Wrap dress)		围裹式连衣裙是没有纽扣和拉链，通过前面两片衣片交叠，用腰带捆绑的睡袍式连衣裙。常用针织面料，板型修身，面料通常选用有弹力的针织或丝缎面料
帝国式连衣裙 (Empire style dress)		帝国式连衣裙是源于法国第一帝国时期的连衣裙，特点是腰线提高到胸部以下，多为长款连衣裙，造型为直筒H形
公主式连衣裙 (Princess style dress)		此款连衣裙的特点是沿着女性曲线采用纵向分割的方法，沿着公主线纵向破缝，腰部以上合体，腰部以下向外扩展，廓形凸显女性的身体魅力

（4）大衣

大衣是穿在外面保暖御寒的长外套，长大衣的长度一般到小腿，短大衣的长度一般到臀围线以下。大衣的款式多样，面料一般选用中厚款的棉或毛面料，里面可以填充棉或羽绒。大衣的款式细分如表 8 – 9 所示。

表 8 – 9　大衣分类

名称	款式	特征
运动式大衣（Sport coat）		运动式大衣采用运动服的设计元素，廓形以直筒为主，常采用防风、防雨、保暖的面料，通常加羽绒或棉内胆，有连帽的设计
围裹式大衣（Wrap coat）		围裹式大衣没有扣子或拉链，前片交叠，由腰带系上固定。此款大衣板型宽松，穿起来休闲舒适，一般采用含有羊毛或羊绒的面料制作
战壕式大衣（Trench coat）		战壕式大衣采用军服的设计元素，廓形为直筒中性造型，有肩袢、袖袢、披胸、腰带等细节设计。面料采用卡其棉、毛等材质，廓形简洁帅气，易搭配

续表

名称	款式	特征
茧型大衣（Cocoon coat）		茧型大衣有蚕茧一样的 O 形廓形，大衣衣身部分宽松，肩膀和底摆收紧，袖子一般为落肩袖或者插肩袖的设计，造型优雅中带有俏皮之感，适合各种身材的人穿着
达夫尔大衣（Duffle coat）		达夫尔大衣是起源于英格兰的直筒型大衣，一般采用毛呢类面料制作，有连帽和牛角扣的设计
收腰式大衣（Redingote coat）		此类大衣的特点是利用省道分割收紧腰部，放松下摆，使款式呈现收腰散摆的造型。收腰式大衣可以凸显女性曲线，增加穿着者的女性魅力

(5) 半身裙

半身裙是下半身穿着的单品，根据长度，可以分为长裙、中长裙、短裙和迷你裙。半身裙的款式丰富，在面料上选择广泛，易于搭配。半身裙款式细分如表 8－10 所示。

表8-10 半身裙分类

名称	款式	特征
花苞裙 (Tulip skirt)	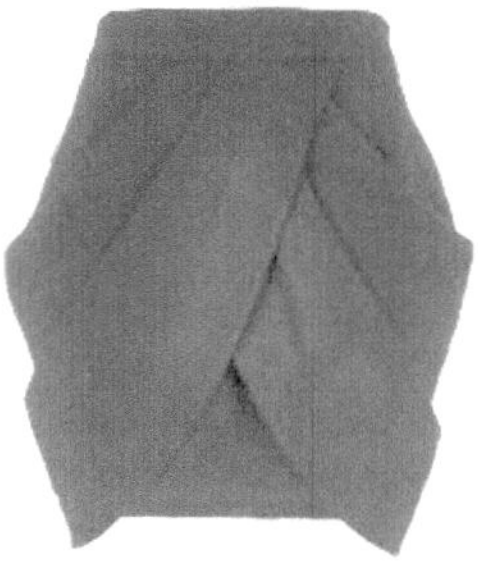	花苞裙即廓形像花苞一样的半身裙，腰部和裙摆收窄，裙身宽松蓬起，犹如花骨朵一般，半身裙一般选用质感挺括的面料制作，造型甜美，便于搭配
百褶裙 (Pleated skirt)		百褶裙是指运用打褶工艺，将裙子的面料全部打褶形成的一种褶裥裙，褶裥也增加了裙子的空间，便于活动
鱼尾裙 (Fish tail skirt)	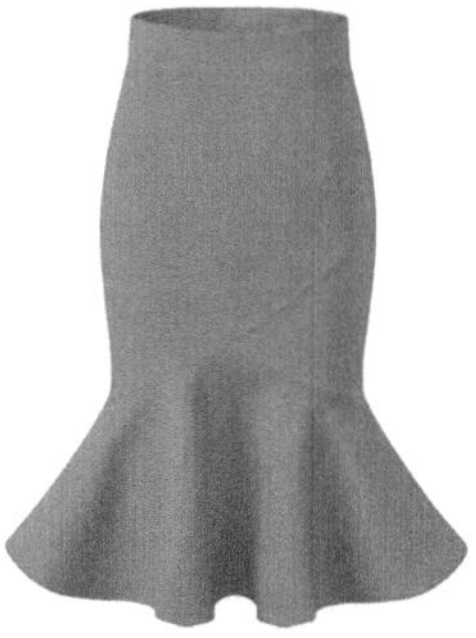	鱼尾裙就是廓形像鱼尾一样的半身裙，板型上臀部和大腿部分合体，下摆加大散开如鱼尾一般，一般用有弹力的面料制作
直筒裙 (Narrow skirt)		直筒裙也叫一步裙，是指从臀围线到下摆呈直线造型，为方便行走，一般设有开衩。直筒裙可采用多种面料制作，易搭配，可以搭配衬衫、西装、夹克等

续表

名称	款式	特征
蛋糕裙 (Tiered skirt)		蛋糕裙也叫塔裙，指裙摆像蛋糕一样，层层叠加的裙子，每层裙摆抽褶呈波浪状并且宽度逐层递增。蛋糕裙一般用棉质、丝质或网纱面料制作，搭配时一般选择修身的上衣
钟形裙 (Bell skirt)	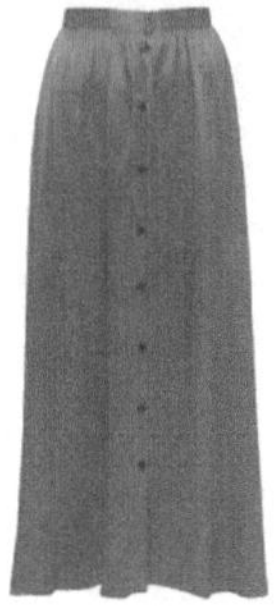	钟形裙是指造型像钟一样的裙子，一般采用圆形或半圆剪裁，腰部抽褶，下摆散开形成自然的喇叭状。钟形裙面料选择多种多样，可以搭配多种单品穿着
迷你裙 (Mini skirt)	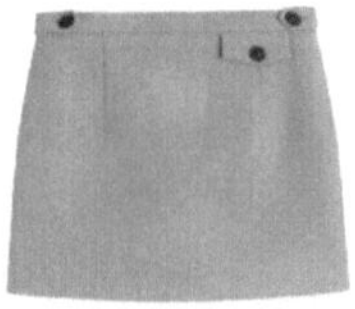	迷你裙也叫超短裙，起源于 20 世纪 60 年代，是裙长在膝盖以上 20 厘米左右的短裙，迷你裙造型前卫大胆，便于活动，深受年轻女性的追捧

(6) 裤子

裤子是为了满足人们的行走需求，根据人的腿部造型裁制而成的服装样式，古代就有很多关于裤子的记载，但多为活裆裤，经过不断的改良，逐渐发展为现在由腰头、裤裆、裤腿组成的样式。根据不同的用途，裤子的款式也多种多样，常见的裤子款式如表 8－11 所示。

表 8－11　裤子的分类

名称	款式	特征
锥形裤（Tapered pants）		锥形裤也称小脚裤，板型为裤腿宽度向下逐渐收紧，呈锥子的造型。锥形裤腰部设计简洁，臀围宽松，裤口收紧，穿起来显得中性帅气。上衣可搭配衬衫、毛衫、夹克等
喇叭裤（Flared pants）		喇叭裤是指裤腿呈喇叭状的裤子，特点是低腰，裆部较短，臀围和大腿的部分合体，从膝盖下方开始裤腿宽度逐渐增加
哈伦裤（Harem pants）		哈伦裤是经过穆斯林妇女的宫廷裤改良而来的休闲裤，也叫胯裆裤。哈伦裤臀围和裆部宽松，材质上大多选择垂感好的面料，小腿收窄，穿起来舒适度高，便于活动。
百慕大短裤（Bermuda shorts）	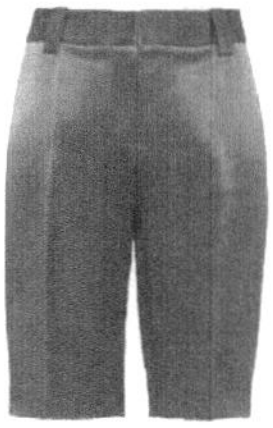	百慕大短裤是源于百慕大岛上男人穿着的一种短裤，板型休闲，类似西裤，但是裤长在膝盖以上 2～5 厘米，裤型线条干净利落，裤口微收，搭配可休闲可正式，上衣可以配西服，也可以配休闲衬衫

续表

名称	款式	特征
牛仔裤 (Jeans)	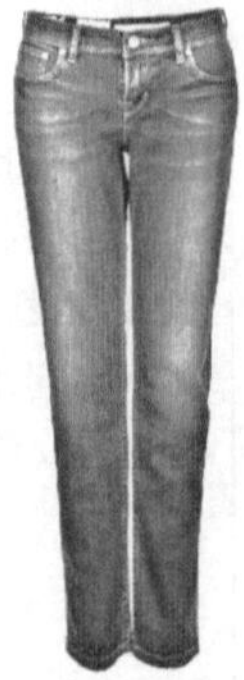	牛仔裤由美国西部矿工的工装裤改良而来，面料采用蓝色的水洗牛仔布面料，一般前面有插袋，后面有两个贴袋，袋口采用金属铆钉撞钉连接。牛仔裤因为具有坚固耐磨、穿着方便等特点而广受欢迎
裙裤 (Culottes)		裙裤是裙子和裤子的结合，既具有裤子的底裆，又有裙子的飘逸外形。裙裤穿着舒适方便，便于运动，裤长有多重选择，可以是及踝长裙裤，也可以是及膝短款
打底裤 (Leggings)	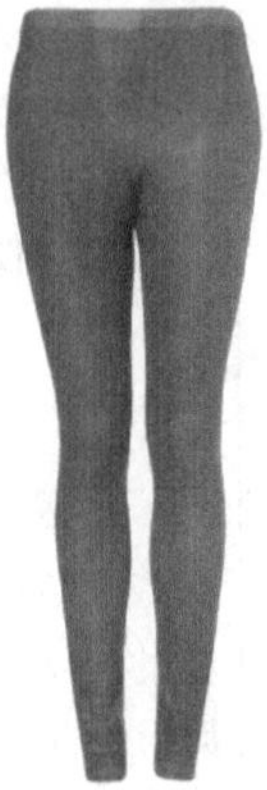	打底裤是由健美裤改良而来，配合短裙、长款衬衫等服装穿着的裤子，可以打底也可以外穿，通常用有弹力的莱卡棉面料制作，穿着贴身舒适，凸显腿部线条，是生活中常见的裤子款式

续表

名称	款式	特征
铅笔裤 （Pencil pants）	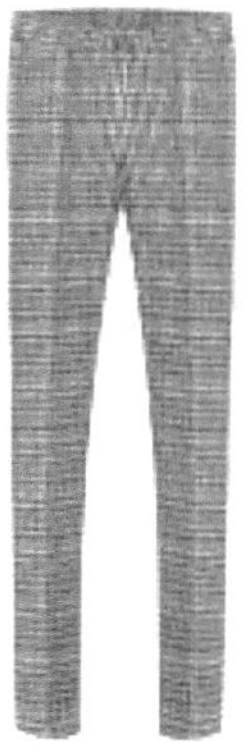	铅笔裤腰部、臀部和腿部的板型都很修身，穿着时凸显腿形，容易搭配，可搭配衬衫、西装、夹克、大衣等

3. 服装工艺基础

服装作为文化的载体，能反映出穿着者的品位与艺术审美，随着流行的不断更替，消费者已经不满足单纯的面料缝制的服装，开始注重面料的装饰艺术，设计师们也开始对面料进行二次设计改造，使之呈现出别样的风采。买手在挑选货品时不仅需要关注货品的款式、色彩、面料，还不能忽略产品的工艺。因此，买手应该对服装的工艺有一定的了解，工作时才可以游刃有余地筛选货品。服装工艺包含服装缝制工艺及面料再造工艺。以下将买手工作中经常接触到的服装面料再造工艺做详细的介绍。

（1）刺绣工艺

刺绣是一门古老的工艺，即用针线在布料上穿刺，由线迹组成各种装饰图案。不同地域的刺绣风格也千差万别，例如世界上的刺绣主要有中式刺绣、法式刺绣和印度刺绣，而中式刺绣里又以苏绣、湘绣、蜀绣和粤绣最为出名。根据刺绣材料的不同，又分为丝绣、羽毛绣、发绣和珠绣等，不同的材料和刺绣手法最后呈现出的效果也不同。常用在服装上的刺绣主要为中式刺绣、法式刺绣和珠绣，如图 8 – 40 至图 8 – 42 所示。

图 8 – 40　中式刺绣

中式刺绣的针法细腻，绣面平滑，色彩秀丽，针法种类繁多，可在不同的面料上刺绣。绣出的图案层次分明，栩栩如生，可以绣写实的花鸟鱼虫，也可以绣写意的湖光山色。中式刺绣在表达物体的立体感时，主要运用丝线颜色渐变渲染，构造出层次丰富的图案。传统的手工刺绣耗时长，成本高，通常用在高级定制的服装上，而成衣一般采用机器刺绣，经济实惠。

图 8 – 41　法式刺绣

法式刺绣与中式刺绣不同，强调用各种材料构造出立体感，中式刺绣主要的材料是顺滑的丝线，而法式刺绣主要运用立体的印度丝、丝带或者宝石。中式刺绣像是一幅精美的画，法式刺绣则像立体的雕塑，用金银线、宝石、珠片、碎钻等营造出富丽堂皇的效果。法式刺绣造价高昂，一般多用于高级定制的服装中。

图 8－42　珠绣

珠绣是我国粤绣中的一种，始于隋唐时期，也是现代服装中常见的刺绣工艺。珠绣是根据设计的图案，用针穿引珠子或亚克力管等在网格布上进行排列缝制，刺绣效果绚丽多彩，层次清晰，立体感强。由于珠绣工艺复杂，耗时久，成衣中多用于服装细节，如领子、袖口、下摆等。

（2）印染

印染是印花和染色的总称，指在一定条件下用染料将布料进行着色处理；印花则是用一定的技术手段将图案印在织物上。印花和染色的种类繁多，服装上常用的有扎染、吊染、炒色、植物染、数码印花、植绒印花、金银箔印等。如图 8－43 至图 8－49 所示。

图 8－43　扎染卫衣

扎染是我国民间传统的染色工艺，是通过线、绳等工具对布料进行捆扎、抽缝等多种组合后再进行染色，使之形成不同的花纹图案。不同的捆扎方式染出的图案变化万千，别具一格，是生活中常见的染色工艺。

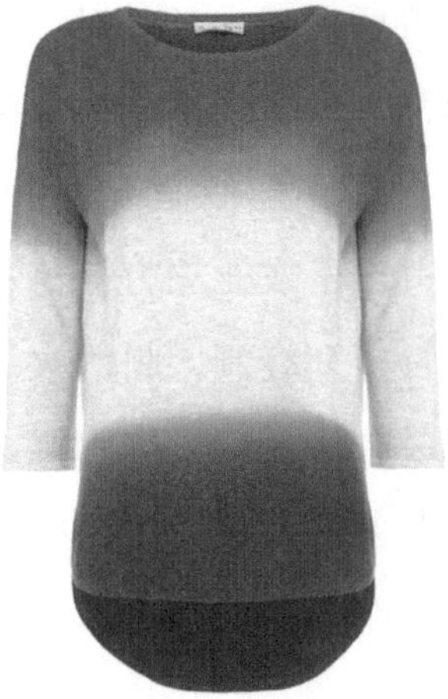

图 8 – 44　吊染上衣

吊染工艺是将织物悬挂进行吸附染色，形成的颜色由浅到深的渐变效果。吊染工艺多用于纯棉、真丝等高档面料，染色效果柔和、自然。吊染需要在特种染色机中完成，产量较小，因此工艺成本较高。

图 8 – 45　炒色 T 恤

炒色是用染料通过石磨、上色、酵洗等方法对布料或者服装进行染色加工，改变织物原来的颜色，使之呈现出深浅不一的色彩。炒色工艺复杂，形成的花纹独特，带有一种复古怀旧的情调。

图 8 – 46　植物染色材料

植物染也叫草木染，是利用从植物中提取的天然染料对织物进行染色的一种工艺。植物染料天然环保，可降解，无毒无害，对皮肤无刺激性、无致癌性；染出的颜色自然，柔和，色彩丰富。一般选用天然的棉、麻、毛、丝等织物进行染色。

图 8－47 数码印花

数码印花是通过扫描、数字相片等数字技术将图案处理后直接喷印到织物上的印花工艺，数码印花成像清晰、图像细腻，并且适用于大面积的织物印花。数码印花可用于棉、麻、毛、丝、黏胶、无纺布等多种材质，印花色彩鲜艳，环保省时。

图 8－48 金箔印花

金银箔印（Foil print）是将仿金银箔纸按照设计好的图案黏合到织物上，俗称烫金烫银。金银箔印图案富有光泽，效果华丽，璀璨夺目，适合各种纤维织物印花。

图 8－49 植绒印花

植绒印花是指利用高压静电场在胚布上按照特定的图案栽植短纤维形成的一种立体印花工艺，植绒印花手感柔软，花形逼真，立体感强，常用在服装的局部图案印花上。

(3) 褶皱工艺

褶皱是服装中常见的工艺技法，指利用外力对面料进行抽缝、压褶形成皱褶的视觉效果，褶皱能改变面料表面的肌理形态，使其由光滑向粗糙转变。褶皱的种类很多，有压褶、抽褶、自然垂褶、波浪褶等。褶皱造型优美，形态各异，压褶规整、抽褶自然、波浪褶灵动，极大地增加了视觉趣味性。如图 8－50 至图 8－53 所示。

图 8－50 抽褶

抽褶是先在布料上设计好褶量，然后再用线或绳对布料进行抽缩形成的褶皱，抽褶形成的褶皱自然随意，无规则，具有装饰性和功能性，是服装中常见的工艺手法。

图 8－51 压褶

压褶是先在裁片上设计好褶量，然后再用机器或者手工方法将裁片压成褶量均匀的效果，压褶的褶量规整，视觉效果整齐，机器压褶的种类很多，有工字褶、树叶褶等。

图8－52　波浪褶

波浪褶是通过结构处理形成自然均匀的波浪造型，波浪褶造型流畅，自然优美，可以用于裙摆、领口、袖口、后背等局部，也可以大面积使用增加层次感，具有很强的装饰效果。

图8－53　自然垂褶

自然垂褶是指利用面料的垂感和结构处理，不经过压褶或抽褶而自然形成的褶皱。具有随意、自由等造型特点。我们熟悉的古希腊服装就是自然褶皱的代表。自然褶皱通常用在服装的领口、袖子上。

（4）镂空工艺

镂空是我国传统工艺中的一种，即在物体上雕刻出穿透物体本身的花纹。在服装上镂空也是一种常用的工艺，主要通过剪切、撕扯、烧花、抽纱、编结、激光雕刻等手法改变面料的肌理效果，使面料呈现出全新的图案，从而提升服装的层次感和装饰性。如图8－54至图8－58所示。

图 8－54　激光雕刻镂空

激光雕刻是过去镂空的图案需要人工剪切，现在则利用先进的激光雕刻机照射到物体表面，可以将面料切穿并产生一定的图案。激光镂空的图案精致细腻，风格多样，可甜美可复古，呈现出隐约朦胧的透视效果。

图 8－55　烧花镂空

烧花镂空是通过化学反应破坏面料中的一部分纤维而形成透视效果的一种工艺，烧花处理过的面料形成虚实对比的效果，具有很强的肌理感和层次感。不同质感的面料经过烧花后形成的外观也不相同，常见的烧花面料是丝绒烧花，花纹别致高雅，具有光泽感和复古感。

图8-56　编结镂空

编结镂空是用一根或者多根绳线通过缠绕和钩拉等方法编织出具有透孔的工艺。根据编织针法和程序的不同，形成的镂空图案也变化丰富。服装上常见的蕾丝就是编结镂空的一种。编结镂空应用广泛，可以织成上衣、半身裙、连衣裙、披肩、外套等。

图8-57　撕扯镂空

撕扯镂空指最终呈现的外观犹如被人撕扯而形成的透视效果，撕扯镂空的风格粗犷，在成衣中一般用在服装的局部，透视面积也不宜过大。

图8-58　镂空绣

镂空绣也称雕绣，指将花纹绣出轮廓后，将轮廓内挖出，用剪刀把内布剪掉，犹如雕镂。镂空绣常用在服装的局部，如下摆、袖口、领子等部位，大面积的雕绣常用来制作台布、床罩等。

（5）拼接工艺

拼接工艺是传统装饰工艺，即将不同的面料拼接在一起，面料拼接不仅能满足人们对现有服装改进的需求，还可以在现有服装面料的基础上进行大胆创新，近年来，在设计师们的不断演绎下呈现新的艺术形象。拼接主要可以分为色彩拼接和材质拼接。色彩拼接是将不同颜色的面料进行拼接形成视觉对比；材质拼接则是将不同触感的面料进行拼接，形成触觉和视觉上的对比。如图 8－59 至图 8－60 所示。

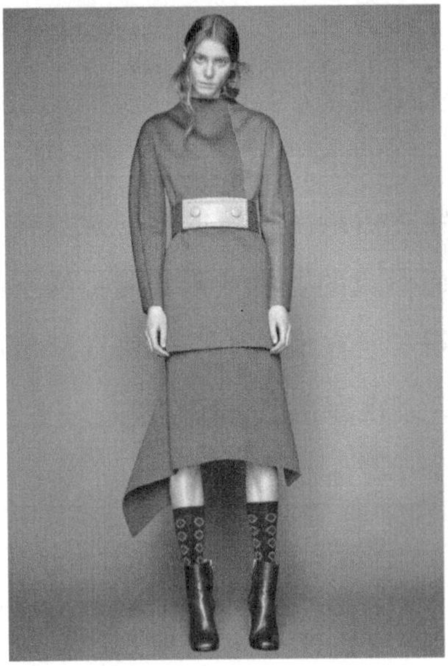

色彩拼接是将衣片按照直线或者曲线进行分割，再将不同色彩进行组合拼接缝制，不同色彩的穿插形成丰富的节奏感，增添了服装的趣味性与时尚性。不同色彩的拼接呈现的色彩调性也不同，可优雅可活泼，可低调可张扬，是服装中常见的工艺。

图 8－59　色彩拼接

（6）立体花装饰花工艺

立体花装饰工艺，指运用丝带、织物裁条等材料在面料上设计好的位置进行拉抽、弯曲、固定、缝制等操作，呈现如同立体花朵的装饰效果。通过面料的堆叠和弯曲形成的花朵造型带来层次感和体量感，具有很强的装饰性。如图 8－61 所示。

材质拼接是通过不同材质的面料拼接缝制，在面料肌理上形成强烈的对比，带来流动的视觉效果。硬质的皮革和柔软的网纱面料拼接，形成了坚硬与柔软、厚实与虚透的对比，带来焕然一新的视觉感受。

图8－60　材质拼接

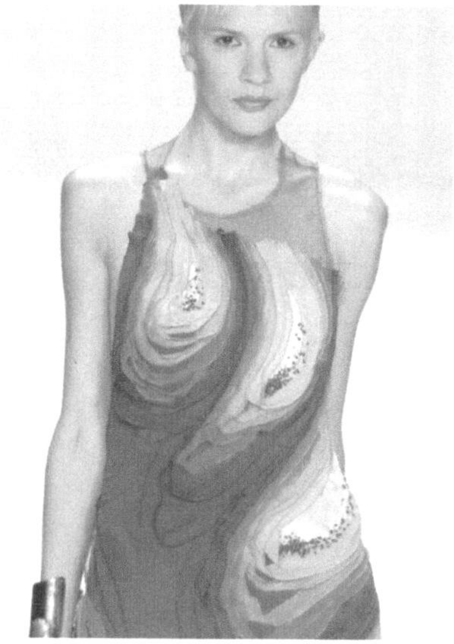

图8－61　立体花装饰工艺

老板·创业			
一、经理人			
书名	**内容**	**书名**	**内容**
老总有想法，高层有干法 王清华　著	企业将、帅之间的定位问题、角色问题、方法问题、思维问题、管理问题等	**历史深处的管理智慧 1：组织建设与用人之道** 刘文瑞　著	通过历史鉴照当今企业选人用人、二代接班人、创业团队管理等问题
历史深处的管理智慧 2：战略决策与经营运作 刘文瑞　著	通过历史鉴照当今企业决策、战略规划、战略冒进、决策监督等问题	**历史深处的管理智慧 3：领导修炼与文化素养** 刘文瑞　著	通过历史鉴照当今企业的领导修养、用权、管理风格等问题
老板经理人双赢之道 陈　明　著	经理人怎养选平台、怎么开局，老板怎样选/育/用/留		
二、用人			
用好骨干员工 王　敏　著	系统化分享关键人才打造与激励方法	**领导这样点燃你的下属** 孟广桥　著	领导者如何才能让员工积极主动地工作
让用人回归简单 宋新宇　著	帮助管理者抓住用人的要害，让用人变得简单		
三、转型·创业			
创业要过哪些坎 董　坤　著	15 年创业咨询经验总结的创业遇到的问题及办法	**高潜牛人** 董　坤　著	创业和事业发展中如何找到牛人
成为下一个 SaaS 独角兽 崔牛会　主编	19 位 SaaS 领专家，7 个不同的视角总结 SaaS 行业实践	**创模式：23 个行业创新案例** 段传敏　著	CEO 社群 23 位企业家的思考与实践分享。
重生——中国企业的战略转型 施　炜　著	本书对中国企业战略转型的方向、路径及策略性举措提出了建议和意见。	**7 个转变，让公司 3 年胜出** 李　蓓　著	企业估值、业务模式、营销、生产制造、客户服务、用户黏性到组织管理 7 个转变
企业二次创业成功路线图 夏惊鸣　著	五步骤给出了一幅企业二次创业经营突破、管理提升的成功路线图	**跟老板“偷师”学创业** 吴江萍　余晓雷　著	如何通过“偷师”学习与积累当老板的阅历
公司由小到大要过哪些坎 卢　强　著	企业成长路线图，现在我在哪，未来还要走哪些路，都清楚了	**跳出同质思维，从跟随到领先** 郭　剑　著	66 个精彩案例剖析，帮助老板突破行业长期思维惯性

企业经营			
经营打造你的盈利系统 高可为　著	选择最有效的经营策略，打造属于自己的商业模式	**中国企业的觉醒** 王　涛　著	企业告别自私、野蛮，转向善良、爱，才会赢得消费者
成为敏感而体贴的公司 王　涛　著	未来有竞争力的企业，一定是那些敏感而体贴的公司！	**有意识的思考** 王　涛　著	对头脑中固有观念保持觉察，从而超越它们的局限
简单思考 孔祥云　著	著名咨询公司（AMT）CEO 创业历程中的经验与思考	**写给企业家的公司与家庭财务规划** 周荣辉　著	以企业的发展周期为主线，写各阶段企业与企业主家庭的财务规划

续表

书名	内容	书名	内容
从10亿到100亿的企业顶层设计 刘建兆 著	重新定义企业成长方式，有效益、有效率、有效能、有效果、有品质的良性成长。	**活系统：跟任正非学当老板** 孙行健 尹贤 著	造活系统，使系统活，靠系统活，活得系统。
宗：一位制造业企业家的思考 刘建兆 著	发展20年营业额近亿元制造业企业家的思考与心得	**使命：驱动企业成长** 高可为 著	用大企业发展轨迹及企业家的心路历程，揭示企业成长的基因，做事的逻辑
让经营回归简单 宋新宇 著	战略、客户、产品、员工、成长、经营者的经营法则	**边干边学做老板** 黄中强 著	86个案例讲述中小公司成长过程遇到的问题和方法
盈利原本就这么简单 高可为 著	跨越业务与财务边界，为企业提高盈利水平提供方法。		
综合管理			
一、企业管理			
让管理回归简单 宋新宇 著	从目标、组织、决策、授权、人才、老板自己等提供方案	**管理的尺度** 刘文瑞 著	西医式的体检化验，又要施加中医式的望闻问切
管理：以规则驾驭人性 王春强 著	人性驾驭角度权度运筹安排的可兑现性，管理有效性	**看电影，学管理** 刘文瑞 著	十六部电影的解读，揭示电影内含的管理之道
好管理 靠修行 曾伟 著	从佛法、道法思想中寻找管理智慧	**公司大了，怎么管** 金国华 著	成长型企业发展中的共性问题，通过案例实录解开
低效会议怎么改 王玉荣 葛新红 著	从梳理公司会议体系的层面改变低效会议的现状	**年初订计划年尾有结果** 郭晓 著	总结七步落地方案让战略计划切实落地实现
分股合心 段磊 周剑 著	围绕股权激励，详细介绍相关知识和实行方法	**员工心理学超级漫画版** 邢磊 著	漫画形式对组织中个体心理的全面介绍和深入探讨
让投诉客户满意离开 孟广桥 著	投诉法律法规，应对各种投诉技巧等提升客诉能力		
二、管理思想			
管理学的奠基者 刘文瑞 著	近代以来的管理思想发展揭示管理思想的演化奥秘	**巴纳德组织理论研读** 郭威 著	深度研读巴纳德《经理人员的职能》，帮你理解和看懂
管理学在中国 刘文瑞 著	科学看待管理学流入中国，对继承发展进行深入阐述	**德鲁克管理学** 张远凤 著	以德鲁克管理思想发展为线展示20世纪管理学发展
德鲁克与他的论敌们 罗珉 著	德鲁克与马斯洛、戴明等诸多管理大师论战的故事	**德鲁克管理思想解读** 罗珉 著	作为德鲁克学生全面解构其思想的精髓与实践价值
治论：中国古代管理思想 张再林 著	深入分析中国古代哲学基本精神的基础上，梳理分析了儒法墨三家的管理思想		

续表

营销·销售			
一、企业销售			
书名	内容	书名	内容
大客户销售这样说这样做 陆和平　著	大客户销售活动的十大模块，68 个典型销售场景	**向高层销售** 贺兵一　著	销售人员与客户高层打交道需要重点掌握的知识、技巧
资深大客户经理 叶敦明　著	将大客户经理必须具备的规划、策略、执行三种能力连通自如	**成为资深的销售经理** 陆和平　著	让销售经理成功把握销售管理 6 个关键点，并提供工具
销售是个专业活 陆和平　著	据客户采购流程拆分销售过程 10 阶段，讲解方法技巧	**学话术　卖产品** 张小虎　著	手机、电动车、家电、食品等消费品的一线销售话术
二、企业营销			
新营销组织力 迪智成　著	适应最新数字化外部环境，系统化协同组织能力建设	**营销按钮** 老　苗　著	讲述存在于人性以及各个营销环节中的“按钮”
精品营销战略 杜建君　著	“精品营销战略”核心逻辑与营销组合策略	**360°谈营销** 王清华　古怀亮　著	营销是立体的，从不同角度观察不同企业的营销精髓
互联网精准营销 蒋　军　著	互联网时代整 3 体策划、包装品牌和产品	**招招见销量的营销常识** 刘文新　著	做好基本的营销动作都可以提高销量、减低成本
用数字解放营销人 黄润霖　著	用数字说话覆盖营销工作的方方面面	**用营销计划锁定胜局** 黄润霖　著	让营销计划落地，营销人员只需解决两个问题：基数与概率
我们的营销真案例 联纵智达研究院　著	五芳斋粽子、诺贝尔瓷砖、利豪家具、保健品、娃哈哈	**中国营销战实录** 联纵智达研究院　著	51 个案例，46 家企业，46 万字，18 年积淀
弱势品牌如何做营销 李政权　著	产品与物流通道、服务通道、促销互动通路提供方法	**解决方案营销实战案例** 刘祖轲　著	十大工业品作者实操案例解码解决方案营销
升级你的营销组织 程绍珊　吴越舟　著	根据企业实际情况建立有机性营销组织	**变局下的营销模式升级** 程绍珊　叶　宁　著	十年大量案例归纳三种核心驱动要素，三种升级方向
老板如何管营销 史贤龙　著	以十六个招式，理论与案例相结合，高段位营销方法	**孙子兵法营销战** 刘文新　著	理解《孙子兵法》原意的同时，还可体悟到营销之用
三、品牌			
中国品牌营销十三战法 朱玉童　著	深度演绎最符合企业品牌营销策划的十三套实战战法	**中小企业如何打造区域强势品牌** 吴　之　著	如何建立强势品牌的角度解析扩张难题
四、营销策划			
这样写文案，就没有卖不动的产品 秦　剑　刘安丽　著	术、法、道三个层面由浅至深培养商业文案创作能力	**洞察人性的营销战术** 沈　坤　著	介绍了 28 个匪夷所思的营销怪招，大部分甚至可以直接运用

续表

书名	内容	书名	内容
双剑破局：沈坤营销策划案例集 沈　坤　著	双剑公司8年来的实操案例，每个项目诞生过程、策划角度和方法		
企业案例			
鲁花：一粒花生撬动的粮油帝国 余　盛　著	鲁花如何成长为优秀的带动农业产业发展的品牌，鲁花你一定学得会	**金龙鱼背后的粮油帝国** 余　盛　著	以金龙鱼为脉的一部中国粮油行业的史诗
你不知道的加多宝 曲宗恺　牛玮娜　著	以时间为轴线，详细叙述了加多宝品牌的发展历程	**静水流深** 黄治国　著	作者在美的十五年对何享健近内部讲话资料的整理
娃哈哈区域标杆 罗宏文　快车君 赵晓萌　寇尚伟	讲娃哈哈豫北市场如何成为娃哈哈全国第一大市场、全国增量第一的市场	**借力咨询：德邦成长背后的秘密** 官同良　王祥伍　著	德邦将自己积累的与咨询公司发展共赢的合作逻辑和盘托出
六个核桃凭什么从0过100亿 张学军　著	全视角深度解读养元企业的裂变成长，复盘十年蜕变轨迹	**像六个核桃一样** 王　超　著	六个核桃为什么卖得这么好，产品畅销的6大要义36条简明法则
中国首家未来超市 IBMG集团　著	对乐城超市的掌门人及内部员工的采访详细阐释了乐城的经验	**三四线城市超市如何快速成长：解密甘雨亭** IBMG集团　著	甘雨亭的许多关键经营指标均高于行业标准，学习其成功的方法
集团化企业阿米巴实战案例 初勇钢　著	作者在某酒厂推行阿米巴经营模式的心得		
经销商			
新经销：新零售时代教你做大商 黄润霖　著	探访近100位经销商在传统营销手法上的创新，传统营销微创新和新营销本地化	**商用车经销商运营实战** 杜建君　王朝阳 章晓青　著	对商用车经销商的经营与管理、4S店运营做了全方面的系统总结
跟行业老手学经销商开发与管理 黄润霖　著	从管理耐用消费品经销商角度提炼了48个代表性问题并给出解决办法	**快消品经销商如何快速做大** 黄润霖　著	经销商如何通过经营实现规模，通过管理实现规模效益
建材家居经销商实战42章经 王庆云　著	经营管理的心法和战法，帮助经销商成为“业务妙手”和“管理能手”	**成为最赚钱的家具建材经销商** 李治江　著	针对建材家居行业的经销商，从销售模式、产品、门店、市场等方面给出方法
白酒经销商的第一本书 唐江华　著	经销商如何选择厂家、合作、运营品牌等问题给建议	**快消品招商的第一本书** 刘　雷　著	从招商理论到招商动作进行系列化分解，化繁为简
中小企业			
中小企业如何打造区域强势品牌 吴　之　著	如何建立强势品牌的角度解析扩张难题	**用流程解放管理者** 张国祥　著	8个板块构成，共66篇文章，14幅流程管理图
用流程解放管理者2 张国祥　著	对中小企业规范化流程管理进行系统的阐述	**弱势品牌如何做营销** 李政权　著	产品与物流通道、服务通道、促销互动通路提供方法

续表

书名	内容	书名	内容
本土化人力资源管理8大思维 周　剑　著	用最贴近中国中小企业现实管理情境的案例去讲述周围人的“家事”	**中小农业企业品牌战法** 韩　旭　著	农业企业需要全产业链视野，更需要品牌实战方法
门店销售冠军复制系统 王吉坤　著	门店型企业如何打造可复制的销售冠军系统，凡是门店型企业都可以使用	**新零售动作分解与实操：建材·家居·家具** 盛斌子　著	对泛家居行业趋势、店面管理、团队管理、促销推广、五感营销等提供策略
家具建材促销与引流 薛　亮　李永锋　著	对泛家居营销执行模式和工具、关键环节等进行汇总	**建材家居门店6力爆破** 贾同领　著	产品力、导购力、形象力、推广力、服务力、组织力
家具行业操盘手 王献永　著	总结家具终端门店发展的现状及问题并给出策略	**手把手教你做专业督导** 熊亚柱　著	系统梳理督导的核心技能，岗位职责、工作流程及技能
手把手帮建材家居导购业绩倍增 熊亚柱　著	针对建材家居门店的业务人员，案例故事还原场景教你成为好导购	**10步成为最棒的建材家居门店店长** 徐伟泽　著	梳理店长管理的核心工作职责，店面管理规范和帮助销售人员成长
建材家居门店销量提升 贾同领　著	9个板块讲述建材门店一个单店如何做到经营的良性循环	**总部有多强大，门店就能走多远** IBMG集团　著	五大方向综合阐述连锁零售企业总部如何提升管理能力
赚不赚钱靠店长，从懂管理到会经营 孙彩军　著	注重专卖店的经营思路拓展，门店管理细节方面能力提升	**新医改了，药店就要这样开** 尚　锋　著	从药店定位的思考，内部和会员管理等几个方面探讨中小型药店发展方向
门店管理			
电商来了，实体药店如何突围 尚　锋　著	新时代药店经营三驾马车：药学专业服务、会员贴心服务和精准定向促销	**引爆药店成交率1：店员导购实战** 范月明　著	药店人的零售工作怎样接待顾客，完善销售技巧
引爆药店成交率2：药店经营实战 范月明　著	从药店经营角度如何建立改善门店现状的实用标准	**引爆药店成交率：专业化销售解决方案** 范月明　著	从简单的拿药服务到提供多角度的专业解决方案
互联网			
一、互联网转型			
画出公司的互联网进化路线图 李　蓓　著	18个“可以……吗”的问题作为你产品、客户和价值方面的指引牌	**7个转变，让公司3年胜出** 李　蓓　著	企业估值、业务模式、营销、生产制造、客户服务、用户黏性到组织管理7个转变
重生战略移动互联网和大数据时代的转型法则 沈　拓　著	四个重生战略对应四个法则告知传统企业的转型重生之路	**创造增量市场：传统企业互联网转型之道** 刘红明　著	为读者提供了寻找这些互联网的切入点和接触点的具体方法，带来增量市场
互联网+变与不变 本土管理实践与创新论坛　著	61篇精华文章，聚焦传统行业如何互联网+时代转型	**今后这样做品牌** 蒋　军　著	顶层设计、营销创新、产品战略、渠道变革、品牌策略
移动互联新玩法 史贤龙　著	立足现实，剖析新时代背景下的移动互联趋势与热点	**互联网时代的成本观** 程　翔　著	多维组合成本的互联网精神和大数据特征及应用

续表

书名	内容	书名	内容
正在发生的转型升级实践 本土管理实践与创新论坛　著	100多位本土管理专家当年对最新一年的思考和实践	**1000铁杆女粉丝** 张兵武　著	如何让普通女性成为忠实追随的铁杆粉丝，磁力点、情感结、甜蜜区、信任圈
混沌与秩序Ⅰ：变革时代企业领先之道 彭剑锋　施　炜 苗兆光　王祥伍 孙　波　夏惊鸣	新环境下企业面临变革应如何应对，作为企业家又应当如何坚守并与企业共同成长提出了深度思考	**混沌与秩序Ⅱ：变革时代管理新思维** 彭剑锋　施　炜 苗兆光　王祥伍 孙　波　夏惊鸣	对处于时代变革下的企业管理新机制、人力资源管理新思维，组织与人的新型关系，结合案例提出优化建议
消费升级：实践·研究 本土管理实践与创新论坛　著	从经营、管理、行业三个方面记录消费升级下的实践	**互联网精准营销** 蒋　军　著	互联网时代整体策划、包装品牌和产品
二、抖音、微信微商、电商			
抖音营销系统 刘大贺　著	抖音系统的实战营销知识，上百个从0做大的案例	**金牌微商团队长** 罗晓慧　著	微商团队长创业实操的指导工具书
微商生意经：真实再现33个成功案例操作全程 伏泓霖　罗晓慧　著	精心挑选的33个微商成功案例，阐述具体操作过程	**快速见效的企业微信营销方法** 孙　巍　著	站在微信生态的立体高度系统讲述企业微信快营销方法论
阿里巴巴实战运营：14招玩转诚信通 聂志新　著	产品定位、阿里巴巴排名因素、数据分析，标题优化等如何做好阿里巴巴	**阿里巴巴实战运营2：诚信通热卖技巧** 聂志新　著	打开诚信通运营的金钥匙，10大具体运营技巧
三、行业新营销			
餐饮新营销 杨　勇　程绍珊　著	聚焦餐饮企业转型，系统的餐饮企业营销管理体系	**新零售进化路径** 李政权　著	预先复盘新零售及商业的未来，找到方向
珠宝黄金新营销 崔德乾　著	珠宝业新营销/新品牌/新产品/新零售/新连接/新场景/新服务/新传播/新管理	**新经销：新零售时代教你做大商** 黄润霖　著	探访近100位经销商在传统营销手法上的创新，传统营销微创新和新营销本地化
新零售动作分解与实操：建材·家居·家具 盛斌子　著	对泛家居行业趋势、店面管理、团队管理、促销推广、五感营销等提供策略	**新营销** 刘春雄　著	让品牌商和渠道商掌握获得独立流量的能力，能够与平台商博弈
快速见效的企业网络营销方法　B2B　大宗B2C 张　进　著	数据和案例90%来自作者服务的中小企业，快速全面地学习企业网络营销方法	**移动互联下的超市升级** 联商网专栏　著	超市未来的发展趋势，对社区超市、生鲜、全渠道建设、O2O等提出观点
百货零售全渠道营销策略 陈继展　著	零售行业的竞争重点、行业本质，战略转型、未来趋势、经验和案例	**互联网时代的银行转型** 韩友斌　著	银行业在互联网金融变革浪潮中所做的积极应对和转型布局
触发需求：互联网新营销样本·水产 何足奇　著	通过鲜誉案例解读阐述水产行业如何进行互联网转型	**新农资如何弯道超车** 刘祖轲　著	从农业产业化、互联网转型、行业营销与经营突破四个方面阐述农资企业转型

续表

书名	内容	书名	内容
新零售　新终端 迪智成　著	将新零售系统打法做梳理并落地在新终端建设上		
医药医疗			
一、药店			
新医改了，药店就要这样开 尚　锋　著	从药店定位的思考，内部和会员管理等几个方面探讨中小型药店发展方向	**电商来了，实体药店如何突围** 尚　锋　著	新时代药店经营三驾马车：药学专业服务、会员贴心服务和精准定向促销
引爆药店成交率1：店员导购实战 范月明　著	药店人的零售工作怎样接待顾客，完善销售技巧	**引爆药店成交率2：药店经营实战** 范月明　著	从药店经营角度如何建立改善门店现状的实用标准
引爆药店成交率：专业化销售解决方案 范月明　著	从简单的拿药服务到提供多角度的专业解决方案		
二、药品销售			
医药第三终端：从控销到动销　诊所　基层医疗 王祥君　张芳文　著	用大量案例来梳理药企落地动销的策略、方法和技战术	**医药营销：诊所开发维护与动销** 张江民　著	从六个方面系统阐述基层诊所市场营销攻略
处方药合规推广实战宝典 赵佳震　著	对处方药推广体系搭建、推广人员岗位内容等六个方面进行阐述	**医药代理商经营全指导** 戴文杰　著	从产品选择、价格体系设计、路径管理等维度描述代理商产品操作的基本策略
处方药零售这样做 田　军　著	处方药零售的重要性及做市场的具体措施和方法	**OTC医药代表药店开发与维护** 鄢圣安　著	一位从初级OTC医药销售代表成长起来的销售经理的经验分享
OTC医药代表药店销售36计 鄢圣安　著	以《三十六计》为线，写OTC医药代表向药店销售的一些技巧与策略		
三、药企转型			
药企战略·运营与医药产业重构 杜　臣　著	对医药产业的深度认知与发展趋势结合，战略思考与经营操作相统一	**医药行业大洗牌与药企创新** 林延君　沈　斌　著	围绕着创新介绍医药行业，介绍近百家医药企业创新实践案例
医药新营销 史立臣　著	从药企最关心的八个方面阐述制药企业、医药商业企业营销模式转型	**医药企业转型升级战略** 史立臣　著	商业模式转型、管理转型、定位转型、运营模式转型和跨界转型五方面阐述转型
新医改下的医药营销与团队管理 史立臣　著	立足新医改相关政策的解读，为中小医药企业出谋划策	**在中国，医药营销这样做** 段继东　著	时代方略在医药营销领域思想、方法文章的精选合集
四、新医疗			
成为医疗器械领军者 王　强　著	中小型医疗器械生产企业和代理商怎样转型	**新型诊所经营与创新** 动脉网　著	对新型诊所从标准化管理、经营方式、团队建设、连锁模式四个方面进行解读

续表

书名	内容	书名	内容
医美新风口：颜值经济下的亿万市场 动脉网　著	详细介绍中国医疗美容行业的发展趋势，现状以及医美产业链等	**互联网医院：正在发生的医疗新变革** 动脉网　著	介绍互联网医院的建设与运营、管理，发展模式和市场布局，以及发展规律
快消品			
一、快消案例			
中国快消品营销这些年 史贤龙　著	一本书浓缩快消品营销15年的实战历程与前沿思考	**这样打造大单品** 迪智成　著	通过13个大案例帮助企业梳理打造大单品的路径
你不知道的加多宝 曲宗恺　牛玮娜　著	以时间为轴线，详细叙述了加多宝品牌的发展历程	**娃哈哈区域标杆** 罗宏文　快车君 赵晓萌　寇尚伟	讲娃哈哈豫北市场如何成为娃哈哈全国第一大市场、全国增量第一的市场
六个核桃凭什么从0过100亿 张学军　著	全视角深度解读养元企业的裂变成长，复盘十年蜕变轨迹	**像六个核桃一样** 王　超　著	六个核桃为什么卖得这么好，产品畅销的6大要义36条简明法则
5小时读懂快消品营销 陈海超　著	20年快速消品市场风云洞察解码，丰富的案例解析		
二、快消品区域经理			
快消品营销团队管理 刘　雷　伯建新　著	快消品团队管理相关的20余个工具+20余个案例	**这样打造快消品区域标杆** 罗宏文　牛玉龙　著	分为两篇解决如何成功打造标杆市场和进行持续增量管理两大问题
成为优秀的快消品区域经理（升级版） 伯建新　著	作为区域经理的“速成催化器”，升级版增加11篇内容	**快消老手都在这样做：区域经理操盘锦囊** 方　刚　著	一线成长起来的资深快消品营销人“压箱底”绝活亲囊而授
快消品营销人的第一本书 刘雷　伯建新　著	针对一线厂家业务员工作中常遇到的问题给予建议	**销售轨迹：一位快消品营销总监的拼搏之路** 秦国伟　著	一个普通营销人的故事，16年背井离乡的职场拼搏之路
快消品营销：一位销售经理的工作心得2 蒋　军　著	从市场操作、团队管理、传播推广、营销的具体策略和战略等方面提供方法		
三、快消品动销			
动销：产品是如何畅销起来的 余晓雷　著	怎么被消费者买走和竞争对手是谁这两个原点解决动销问题	**动销操盘：节奏掌控与社群时代新战法** 朱志明　著	用七个章节阐述关于动销操盘的要诀，节点、节奏、主次、条件匹配性等问题
动销四维：全程辅导与新品上市 高继中　著	从产品、渠道、促销和新品上市四个方面详细讲解提高动销的具体方法		
四、快消品渠道			
深度分销 施　炜　著	流道价值链、模式选择、渠道策略与管理、零售经销商管理、最佳实践、团队建设	**通路精耕操作全解周俊** 陈小龙　著	对康师傅制胜法宝通路精耕进行系统介绍与说明，图表和完善入微的操作方法

续表

书名	内容	书名	内容
酒水饮料快消品餐饮渠道营销手册 朱伟杰　著	对餐饮渠道深入挖掘，建立适合餐饮渠道发展的服务模式和组织保障措施	**快消品经销商如何快速做大** 杨永华　著	经销商如何通过经营实现规模，通过管理实现规模效益
快消品营销与渠道管理 谭长春　著	解决日常涉及的渠道管理、市场、产品等营销事务	**快消品招商的第一本书** 刘　雷　著	从招商理论到招商动作进行系列化分解，化繁为简
采纳方法：化解渠道冲突 朱玉童　著	21 个最新的渠道冲突案例立体地介绍渠道冲突的现象和方法		
五、快消品企业战略			
重构：快消品企业重生之道 杨永华　著	从战略，品牌，市场，产品，营销，系统，管理 7 个方面进行重构	**变局下的快消品实战策略** 杨永华　著	从 5 个角度针对快消品企业如何应对行业变局给出答案
新营销 刘春雄　著	让品牌商和渠道商掌握获得独立流量的能力，能够与平台商博弈	**采纳方法：破解本土营销 8 大难题** 朱玉童　著	破解困扰营销人的八大难题变给出解决方法
白酒营销培训宝典：复制高业绩 刘孝鞅　著	总结白酒营销人员系统运作市场的要点，转化为易学可复制的动作和工具表单	**酒水饮料快消品餐饮渠道营销手册** 朱伟杰　著	对餐饮渠道深入挖掘，建立适合餐饮渠道发展的服务模式和组织保障措施
白酒营销的第一本书 唐江华　著	多角度阐释白酒一线市场操作的最新模式和方法	**白酒经销商的第一本书** 唐江华　著	经销商如何选择厂家、合作、运营品牌等问题给建议
白酒到底如何卖 赵海永　著	多角度地阐释了白酒一线市场操作的最新模式和方法	**白酒到底如何卖 2：从市场培育到动销** 赵海永　著	系统化、标准化、模式化的促成动销的实战操作方式和方法
变局下的白酒企业重构 杨永华　著	白酒企业重构期的营销战略与实操策略 6 大方法	**酒业转型大时代** 微　酒　著	酒水营销、新闻资讯及行业分析、预测的知识宝典
区域型白酒企业营销必胜法则 朱志明　著	以 36 条法则从战略、营销、推广、产品线、品牌、市场、战术、等方面提供方法	**10 步成功运作白酒区域市场** 朱志明　著	从市场攻守、产品攻略、新品上市、占领渠道、促销等十个层面阐述
茶·调味品·油·乳业			
营销中国茶：2 小时读懂茶叶营销 史贤龙　著	中国茶营销的“困局”“破局”和“创举”	**中国茶叶营销第一书** 柏　龑　著	纵览中国茶叶市场的全局，并且有针对性地提出问题并阐述解决方法
调味品营销第一书 陈小龙　著	15 年监控中国市场 50 个中外著名调味品品牌市场运作、管理等得到的经验总结	**调味品企业八大必胜法则** 张　戟　著	提炼了调味品企业八大规律性的关键成功要素
食用油营销的第一本书 余　盛　著	从小包装油行业概述到产品的基本知识，从基本执行动作到品牌整体策划等	**鲁花：一粒花生撬动的粮油帝国** 余　盛　著	鲁花如何成长为优秀的带动农业产业发展的品牌，鲁花你一定学得会

续表

书名	内容	书名	内容
金龙鱼背后的粮油帝国 余　盛　著	以金龙鱼为脉的一部中国粮油行业的史诗	乳业营销的第一本书 侯军伟　著	区域型乳品企业如何才能够稳健的发展
工业品			
一、工业品销售			
大客户销售这样说这样做 陆和平　著	大客户销售活动的十大模块，68个典型销售场景	销售是个专业活　B2B 陆和平　著	据客户采购流程拆分销售过程10阶段，讲解方法技巧
成为资深的销售经理：B2B　工业品 陆和平　著	让销售经理成功把握销售管理6个关键点，并提供工具	一切为了订单：订单驱动下的工业品营销实践 唐道明　著	以订单流程的三个环节为主线讲述工业品营销管理新思路
二、工业品营销			
工业品营销管理实务（第4版） 李洪道　著	是信任导向工业品营销体系的深化版、工业品营销管理体系优化咨询升级版	工业品企业如何做品牌 张东利　著	为当下中国制造的品牌化转型提供经过实践证明的理念、方法和体系
工业品市场部实战全指导 杜　忠　著	解决职能不清、市场部五大职能如何运作、职业发展路径等具体问题	解决方案营销实战案例 刘祖轲　著	十大工业品作者实操案例解码解决方案营销
资深大客户经理：策略准　执行狠 叶敦明　著	将大客户经理必须具备的规划、策略、执行三种能力连通自如		
三、工业品企业			
变局下的工业品企业7大机遇 叶敦明　著	探索工业品企业成长的新机会，7大战略与战术性机会	两化融合管理体系贯标流程与方法 戴　勇　著	融合五十多家企业在两化融合贯标过程的经验，总结重点与举措
丁兴良讲工业4.0 丁兴良　著	多角度阐述中国在工业4.0的机遇和挑战		
建材家居			
一、建材家居门店			
家居建材促销与引流 薛　亮　李永锋　著	对泛家居营销执行模式和工具、关键环节等进行汇总	新零售动作分解与实操：建材·家居·家具 盛斌子　著	对泛家居行业趋势、店面管理、团队管理、促销推广、五感营销等提供策略
家具行业操盘手 王献永　著	总结家具终端门店发展的现状及问题并给出策略	手把手教你做专业督导 熊亚柱　著	系统梳理督导的核心技能，岗位职责、工作流程及技能
手把手帮建材家居导购业绩倍增 熊亚柱　著	针对建材家居门店的业务人员，案例故事还原场景教你成为好导购	10步成为最棒的建材家居门店店长 徐伟泽　著	梳理店长管理的核心工作职责，店面管理规范和帮助销售人员成长
建材家居门店销量提升 贾同领　著	9个板块讲述建材一个单店如何做到经营的良性循环	建材家居门店6力爆破 贾同领　著	产品力、导购力、形象力、推广力、服务力、组织力
二、建材家居经销商			
新经销：新零售时代教你做大商 黄润霖　著	探访近100位经销商在传统营销手法上的创新，传统营销微创新和新营销本地化	建材家居经销商42章经 王庆云　著	经营管理的心法和战法，帮助经销商成为“业务妙手”和“管理能手”

续表

书名	内容	书名	内容
成为最赚钱的家具建材经销商 李治江　著	针对建材家居行业的经销商，从销售模式、产品、门店、市场等方面给出方法		
三、建材家居企业			
定制家居黄金十年 韩　锋　翁长华　著	对中国定制家居行业20年发展历程深度、系统、专业的解读	**建材家居营销：除了促销还能做什么** 孙嘉晖　著	探索家居建材行业营销的革命，回顾和思考来发现行业“营销天花板”的突破口
建材家居营销实务：新环境、新战法 程绍珊　杨鸿贵　著	针对建材家居市场特点提出以客户价值为基础的整体营销价值链		
零货·超市·百货			
新零售进化路径 李政权　著	预先复盘新零售及商业的未来，找到方向	**新零售　新终端** 迪智成　著	将新零售系统打法做梳理并落地在新终端建设上
移动互联下的超市升级 联商网　著	超市未来的发展趋势，对社区超市、生鲜、全渠道建设、O2O等提出观点	**百货零售全渠道营销策略** 陈继展　著	零售行业的竞争重点、行业本质，战略转型、未来趋势、经验和案例
超市卖场定价策略与品类管理 IBMG集团　著	零售企业的市场拓展与商品定位、商品结构与商品陈列、毛利分析与库存分析	**连锁零售企业招聘与培训破解之道** IBMG集团　著	围绕零售企业组织架构、培训体系建设等内容进行深刻探讨
总部有多强大，门店就能走多元 IBMG集团　著	五大方向综合阐述连锁零售企业总部如何提升管理能力	**三四线城市超市如何快速成长：解密甘雨亭** IBMG集团　著	甘雨亭的许多关键经营指标均高于行业标准，学习其成功的方法
中国首家未来超市：解密安徽乐城 IBMG集团　著	对乐城超市的掌门人及内部员工的采访详细阐释了乐城的经验	**零售：把客流变成购买力** 丁　昀　著	通过大量的实际案例对中国零售业态的升级转型之路提出思考
餐饮·服装·影院			
餐饮新营销 杨　勇　程绍珊　著	聚焦餐饮企业转型，系统的餐饮企业营销管理体系	**电影院的下一个黄金十年** 李保煜　著	介绍了中国电影产业的运作模式以及电影院的开发、设计思路
餐饮企业经营策略第一书 吴　坚　著	阐述餐饮企业产品之道、市场之道、顾客之道及盈利之道	**赚不赚钱靠店长，从懂管理到会经营** 孙彩军　著	注重专卖店的经营思路拓展，门店管理细节方面能力提升
农牧业			
一、农资			
饲料营销有方法 陈石平　著	饲料营销的7大核心命题	**农资营销实战全指导** 张　博　著	深度营销在农资市场行之有效的营销策略和工具
新农资如何弯道超车 刘祖轲　著	从农业产业化、互联网转型、行业营销与经营突破		

续表

书名	内容	书名	内容
二、农牧企业			
中国牧场管理实战 黄剑黎　著	牧场管理标准、管理制度、操作规程做出剖析和指引	**中小农业企业品牌战法** 韩　旭　著	农业企业需要全产业链视野，更需要品牌实战方法
变局下的农牧企业9大成长策略 彭志雄　著	为农牧企业量身打造了9个立足现在、展望未来的成长策略	**农产品营销实战第一书** 胡浪球　著	针对33个农产品营销的核心问题提供具体招数
地产·汽车			
一、地产			
中国城市群房地产投资策略 吕俊博　刘　宏　著	挖掘主要城市群的现状特征、发展因子、演化趋势、竞争关系等，给出分析建议	**产业园区/产业地产：规划、招商、实战运营** 阎立忠　著	认知、规划、招商、运营四方面系统解读产业园区的建设精要和运营技巧
人文商业地产策划 戴欣明　著	“全球化视野（创意）”+“人文+”思维		
二、汽车			
商用车经销商运营实战 杜建君　著	对商用车经销商的经营与管理、4S店运营做了全方面的系统总结	**汽车配件这样卖** 俞士耀　著	适合轮胎、机油、维修、快保、美容、洗车等汽车服务业态销售实操办法
润滑油销售：这样说，这样做更有效 张金荣　著	总结润滑油销售面对三大客户常遇到的200余个营销问题解决方法		
投资理财·收购资本			
交易心理分析 马克·道格拉斯 【美】　著	一语道破赢家的思考方式，并提供了具体的训练方法	**财报背后的投资机会** 蒋　豹　著	零基础轻松掌握财务报表的相关知识，快速入门
写给企业家的公司与家庭财务规划 周荣辉　著	以企业的发展周期为主线，写各阶段企业与企业主家庭的财务规划	**分股合心** 段　磊　周　剑　著	围绕股权激励，详细介绍相关知识和实行方法
成功并购300问 浩德并购军师联盟　著	系统学习资本运作和企业并购知识的金融工具书	**并购名著阅读指南** 叶兴平　著	全球5000多本并购图书中精选200本并进行评价
阿米巴			
阿米巴经营的中国模式 李志华　著	基于阿米巴经典理念提出了适合中国本土的员工自主经营的“1532”模型	**集团化企业阿米巴实战案例** 初勇钢　著	作者在某酒厂推行阿米巴经营模式的心得
中国式阿米巴落地实践之激活组织 胡八一　著	划分原则、裂变与整合、组织管控、重新定位、巴长竞聘和组阁	**中国式阿米巴落地实践之从交付到交易** 胡八一　著	从6个方面阐述经营会计，从交付到交易是成功实施阿米巴的标志
中国式阿米巴落地实践之持续盈利 胡八一　著	企业做平台、平台做成阿米巴、阿米巴做成合伙制		

续表

人力资源管理			
一、绩效·薪酬			
书名	内容	书名	内容
回归本源看绩效 孙　波　著	从目的和概念帮助企业梳理绩效管理与经营的关系	走出薪酬管理误区 全怀周　著	7 个常见薪酬误区入手为企业提供一套系统解决方法
曹子祥教你做绩效管理 曹子祥　著	作者核心授课课程的还原，掌握绩效管理的核心内容	曹子祥教你做激励性薪酬设计 曹子祥　著	作者 28 年咨询经验总结，如何进行科学的薪酬体系设计
二、招聘·面试·培训			
把招聘做到极致 远　鸣　著	多年人力资源资深招聘经理多年工作心得提炼	把面试做到极致 孟广桥　著	一套实用的确定岗位招聘标准、提升面试官技能方法
人才评价中心漫画版 邢　雷　著	用漫画形式写成的人才测评专业书籍	世界 500 强资深培训经理人教你做培训管理 陈　锐　著	从构建培训体系、培训组织、培训文化、开发培训资源教你做培训管理
三、HR 高管·劳动法			
经营型 HRD 黄渊明　著	总结企业 HRD 如何支撑企业经营成功抓好七件关键事情	人才供应链：实现高绩效均衡的人才管理模式 许　锋　著	打造人才供应链的四大支柱，十项修炼的完整体系
新任 HR 高管如何从 0 到 1 新　海　著	到互联网创业型企业担任 HRVP，从 0 到 1 建立较完善的 HR 体系	人力资源体系与 e－HR 信息化建设 刘书生　陈　莹 王美佳　著	6 大框架、28 个关注点、5 大目标、6 大优势、166 个交付物咨询体系和盘托出
集团化人力资源管理实践 李小勇　著	针对集团型企业人力资源管理急问题，提出科学建议	我的人力资源管理笔记 张　伟　著	第三方咨询视角跳出“技术方法”看人力资源管理
人力资源的 5 分钟劳动法 李皓楠　著	入职管理、在职管理、离职管理中遇到的劳动法问题及应对		
四、HRBP			
HRBP 是这样炼成的之菜鸟起飞 黄渊明　著	作者在初步转型 HRBP 两年时间里摸索实践的亲身经历与总结	HRBP 是这样炼成的之中级修炼 黄渊明　著	结合作者亲身从事 HRBP 的工作经历，总结 HRBP 的作战故事
HRBP 高级修炼 黄渊明　著	故事方式，HRD 角度深度呈现运用 HRBP 的思维、方法		
企业文化			
企业文化落地本土实践 王祥伍　著	华夏基石“知信行”模型描绘企业文化落地路线图	企业文化的逻辑 王祥伍　著	从文化起源深刻剖析文化、效率、企业、企业文化联系
企业文化定位·落地一本通 王明胤　著	企业文化理念传播和落地聚焦的 17 种方法，解读了近 100 个实战案例	36 个拿来就用的企业文化建设工具 海融心胜　著	汇集整理了 36 个通用的企业文化实践工具

续表

书名	内容	书名	内容
企业文化激活沟通 宋杼宸　安　琪　著	系统阐述沟通与企业文化的关系，给予企业提升沟通效能的企业文化解决方案	**企业文化建设超级漫画版** 邢　雷　著	用漫画形式写成的企业文化建设专业书籍，理论体系和 29 个具体的操作方法
在组织中绽放自我 朱仁建　著	个人与组织之间的关系，文化对组织化形成的影响		
流程管理			
营销·研发·供应链业务架构与流程管理 谭勋晖　著	对营销、研发、供应链这三大业务流程变革实践经验总结	**打造集成供应链** 王春强　著	第一用力在"集成"上，梳理内外部各相关模块及其依赖关系
人人都要懂流程 金国华　余雅丽　著	50 幅流程管理漫画，内部对流程价值理念的高度共识	**用流程解放管理者** 张国祥　著	8 个板块构成，共 66 篇文章，14 幅流程管理图
用流程解放管理者 2 张国祥　著	对中小企业规范化流程管理进行系统的阐述	**跟我们学建流程体系** 陈立云　罗均丽　著	在《跟我们做流程管理》基础上丰富了标杆实践案例
16949 质量管理体系落地与全套文件汇编 谭洪华　著	对 IATF16949 每个条款讲解采用理解、作用、落地、模板、成功案例四个模块解析	**ISO9001：2015 制造业文件模板全集** 贺红喜　著	五篇内容组成的完整的质量管理体系工具文件
精益质量管理实战工具 贺小林　著	四个方面对精益质量管理进行了全方位介绍和解读，并提供大量方法工具	**五大质量工具详解及运用案例** 谭洪华　著	APQP、FMEA、MSA、SPC、PPAP 这五大质量工具的具体运用
IATF16949 质量管理体系详解与案例文件汇编 谭洪华　著	针对 IATF16949 的标准原文做详细解说，同时提供大量表单案例	**SA8000：2014 社会责任体系认证实战** 吕　林　著	将 SA8000 多版本及 10 多年的体系实战经验汇编成书
ISO9001：2015 新版质量管理体系解读与案例文件汇编 谭洪华　著	ISO9001：2015 新版标准理解和运用操作进行详细解读	**ISO14001：2015 新版环境管理体系解读与案例文件汇编** 谭洪华　著	ISO14001：2015 改版后的差别和操作运用进行详细讲解
精益生产			
一、精益·JIT·IE			
精益思维 刘承元　著	作者二十余年企业经营和咨询管理的经验总结	**比日本工厂更高效** 刘承元　著	管理提升无极限＋超强经营力＋精益改善里的成功实践
计划与物流精益改善之道 于晓光　著	围绕"计划与物流战略咨询的方法论"进行解析，提供方法论和案例	**300 张现场图看懂精益 5S** 乐　涛　著	通过日本丰田、上市企业案例，用 300 张现场图系统讲解 5S 管理
3A 顾问精益实践 1：IE 与效率提升 党新民　苏迎斌 蓝旭日　著	系统、全面地介绍 IE 工厂管理技术，提高效率创造价值	**3A 顾问精益实践 2：JIT 与精益改善** 肖智军　党新民　著	系统、全面地介绍 JIT 生产方式，并加入实践案例
高员工流失率下的精益生产 余伟辉　著	从三方面论述推行精益管理时如何应对员工流失		

续表

书名	内容	书名	内容
二、生产管理			
化工企业工艺安全管理实操 黄　娜　著	围绕化工工艺安全14要素来展开分析	手把手教你做专业生产经理 黄　娜　著	生产经理如何在信息流、物流、资金流三大流中开展工作
欧博心法：好工厂　靠管理 曾　伟　著	从管人篇和管事篇帮助读者解决人难管、事难控	欧博工厂案例1：生产计划管控对话录 曾　伟　曾子豪　著	工厂管理生产计划管控模块的8个全景细节大案例
欧博工厂案例2：品质技术改善对话录 曾　伟　曾子豪　著	工厂管理品质、技术、效率管理模块的10个全景细节大案例	欧博工厂案例3：员工执行力提升对话录 曾　伟　曾子豪　著	工厂管理人员管控模块的5个全景细节大案例
工厂管理实战工具 曾　伟　著	中国传统文化指导下的工厂管理工具		
全能型班组：城市能源互联网与电力班组升级 国网天津电力公司　著	从互联网时期的班组转型升级出发，对新型班组组织模式和运行机制进行设想	国网天津电力全能型班组建设实务 国网天津电力公司　著	聚焦天津电力公司在探索全能型班组转型升级时的优秀实践
车间人员管理那些事儿 岑立聪　著	小事入手把基层车间管理者头疼的事务打包解决		
咨询·培训师			
培训师事业长青之道 廖信琳　著	培训师自我管理的“洋葱模型”，十项内容与五个层级	管理咨询师的第一本书 熊亚柱　著	深度剖析初级入行咨询师在工作中会遇到的问题
资深管理咨询顾问工作心得 张国祥　著	使用手册讲述咨询师如何操作项目，老板如何选择咨询师，企业如何自主落地	手把手教你做顶尖企业内训师 熊亚柱　著	从开、控、收、编、制、用的角度去践行培训师的职责
TTT培训师精进三部曲上 廖信林　著	手把手教您“深度改善现场培训效果”的一招一式	TTT培训师精进三部曲中 廖信林　著	建构一整套培训课程设计与开发的认知架构和方法体系
TTT培训师精进三部曲下 廖信林　著	通过“沉淀职业功力的六度模型”，帮助培训师在职业技能上的持续精进		
产品·研发			
研发体系改进之道 靖　爽　陈年根 马鸣明　著	取材数十家企业研发改进的咨询实践，提炼一套实操的改进步骤与工具	新产品开发管理，就用IPD（升级版） 郭富才　著	把产品经营的思想凝结在新产品开发管理机制中，升级版更丰富
产品开发管理：方法·流程·工具 任彭枞　著	结合超过300家企业的实际研发管理方法，总结问题和方法，大量表格	资深项目经理这样做新产品开发管理 秦海林　著	采用过程管理方法，对新产品开发的四大过程进行分析，主要针对小电器产品
产品炼金术Ⅰ：如何打造畅销产品 史贤龙　著	如何打造畅销产品的四个方法	产品炼金术Ⅱ：如何用产品驱动企业成长 史贤龙　著	经营者视角重新认识产品，对产品现状快速诊断
中东历史与现状二十讲 黄民兴　著	对中东几千年的历史和动荡的现状进行了一个白描	非暴力抵抗的诞生 甘　地　著	甘地南非21年为印度侨民争取政治权利的艰苦历程

续表

书名	内容	书名	内容
中国古代政治制度上：皇帝制度与中央政府 刘文瑞　著	探究中国古代政治制度的规则和机制，论证古代皇帝制度的形成和演变历程	**中国古代政治制度下：地方体制与官僚制度** 刘文瑞　著	探究中国古代政治制度的规则和机制，论证古代地方政府的发展演变过程
两晋南北朝十二讲 李文才　著	分12个专题对两晋南北朝的历史进行阐述	**每个中国人身上的春秋基因** 史贤龙　著	透过真实的春秋历史，看到人性里的黑暗与光明、卑劣与高尚
二、哲学			
车过麻城·再晤李贽 张再林　著	用游记的方式，展示李贽独到的学术眼力和理论建树	**王阳明万物一体论** 陈立胜　著	“万物一体”是王阳明思想的基本精神。大人者，能与天地万物为一体
自我与世界：以问题为中心的现象学运动研究 陈立胜　著	对现象学运动之中的“意向性”“自我”“他人”“身体”及“世界”进行深入分析	**作为身体哲学的中国古代哲学** 张再林　著	对中国古代哲学之性质内容给予一种全新的理论解读
中西哲学的歧义与汇通 张再林　著	揭示中西哲学“你中有我，我中有你”之旨		
三、传统文化			
与老子一起思考·道篇 史贤龙　著	一本将《老子》思想本义、思想价值、思想史地位、文明史意义讲透的著作	**与老子一起思考·德篇** 史贤龙　著	考、释、译、论四个方面的工作对《老子》进行解读
国富策：读管子知天下财富 翟玉忠　著	《管子》轻重十六篇为核心的轻重术，深刻阐发并从中汲取有益时代的经验教训	**说服天下：鬼谷子的中国沟通术** 翟玉忠　著	为纵横家正名，对纵横术进行了系统总结
中国商道 翟玉忠　著	对中国先秦和明清时期商业典籍系统整理和诠释	**梁涛讲孟子之万章篇** 梁　涛　著	对《万章》的讲解通俗、富有新意
中国思想文化十八讲 张茂泽　著	中国宗教文化课程10年基础上撰写而成，介绍中国古代宗教思想	**孔门心法，中道而行：史幼波中庸讲记** 史幼波　著	史幼波讲的《中庸》提炼出中华传统心性之学的精髓
大学之道，圣学纲目：史幼波大学讲记 史幼波　著	史幼波讲的《大学》帮助我们在自己身上找到一个精神的皈依处	**史幼波《周子通书》《太极图说》讲记** 史幼波　著	根据史幼波围绕这两篇儒学经典的系列讲座整理而成
四、书法·太极·教育·英语			
跟陈忠建学写名家书法Ⅰ 陈忠建　著	用视频跟陈忠建学名家书法之楷书·行书	**跟陈忠建学写名家书法Ⅱ** 陈忠建　著	用视频跟陈忠建学名家书法之隶书·楷书·行书
郑子太极拳理拳法 杨竣雄　著	作者14岁入郑子太极之门，用故事性的方式讲述教学	**内功太极拳训练教程** 王铁仁　著	训练方法及练习，用内气演练过程予以详析，有视频
别让你的执着毁了孩子 廖信林　著	复盘与孩子互动过程中的关键时刻，有效的亲子教育	**像美国人一样讲话** 马方旭　著	美国最常用的800句习惯用语搭配场景例句，有视频

图 8-2 有彩色及无彩色

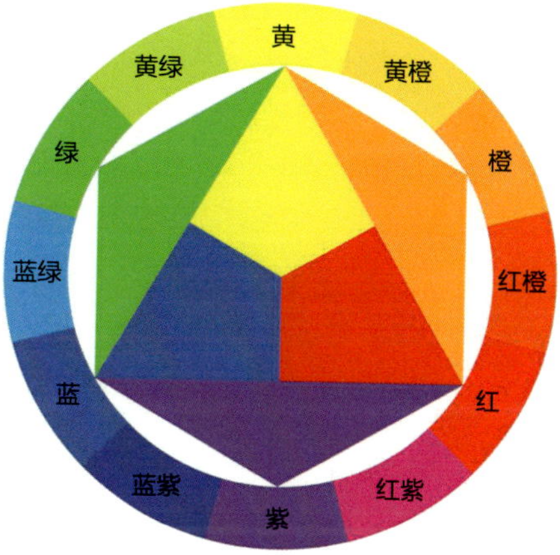

图 8-4 12 色相图

图 8-6 高明度货品组合

图 8-7 中明度货品组合

图 8-8 低明度货品组合

图 8-9 纯度搭配

图 8-10 中纯度搭配

图 8-11 低纯度搭配

图 8-12 高纯度与低纯度搭配

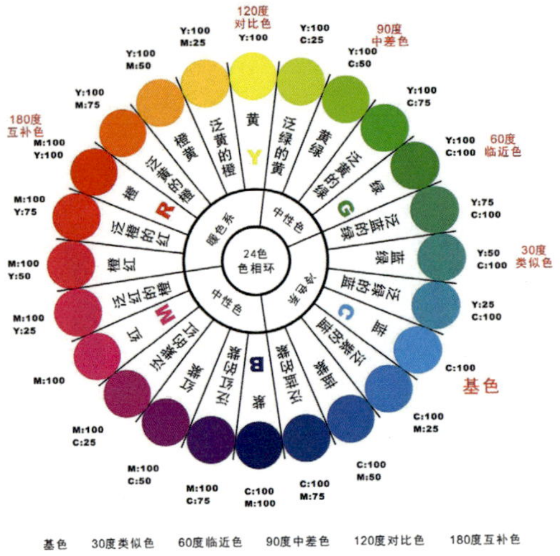

图 8-13 24 色色环

图 8-14 同类色对比

图 8-15 类似色对比

图 8-16 邻近色对比

图 8-17 中差色对比

图 8-18 对比色对比

图 8-19 互补色对比

图 8-20 增大面积差

图 8-21 改变明度或者纯度

图 8-22 加入无彩色系进行调和

图 8-23 喜悦基调货品组合

图 8-24 希望与生机货品组合

图 8-25 甜美基调货品组合

图 8-26 深邃忧郁基调货品组合

图 8-27 浪漫优雅基调货品组合